STUDY BOOK

EL APRENDIZAJE
NUNCA TERMINA

¡Hola a todos! El aprendizaje nunca termina. Y como saben, los rudimentos son los pilares fundamentales de nuestro desempeño como bateristas.

Aquí tienes **125 rudimentos** increíbles que te ayudarán a mantener un groove sólido y con los que podrás crear los fills más originales y musicales que siempre quisiste.

Diviértete al máximo en este viaje de aprendizaje.

Pablo Morán García

PABLO MORÁN GARCÍA

Hybrid Rudiments

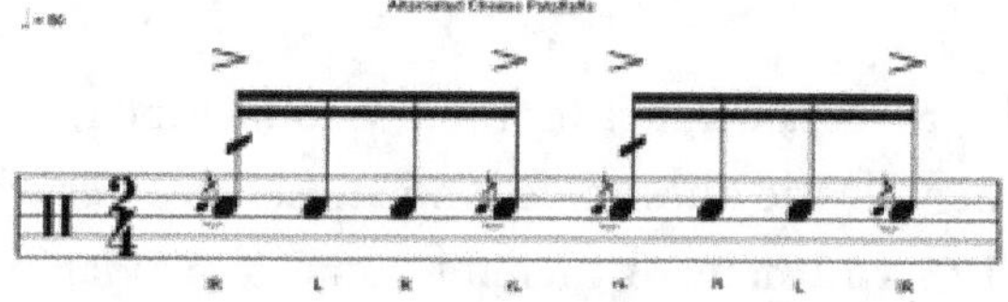

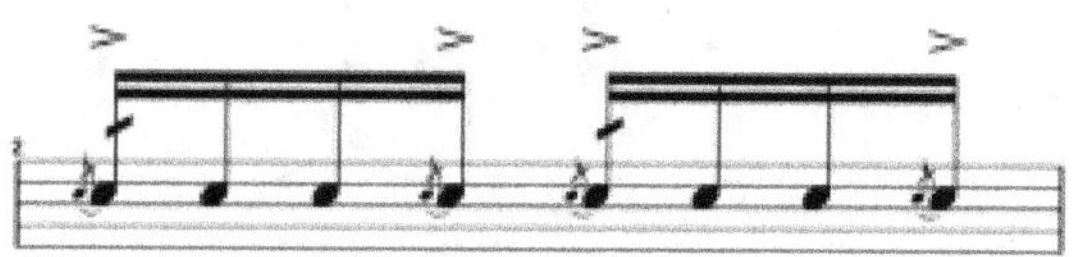

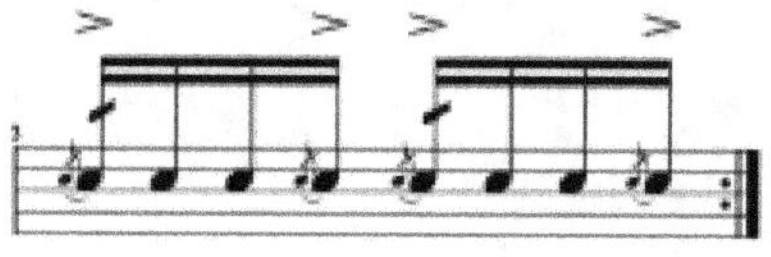

Hybrid Rudiments

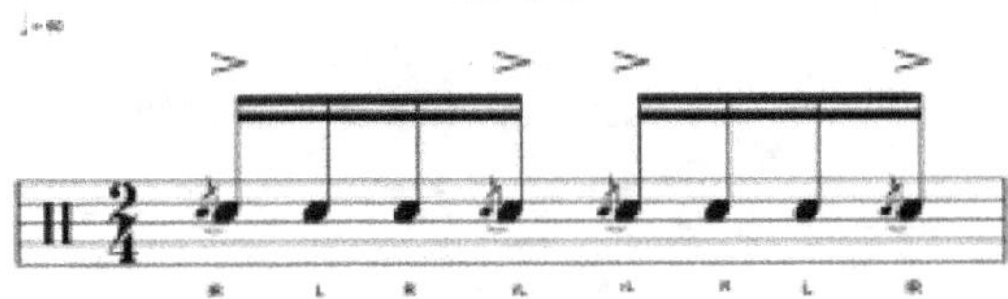

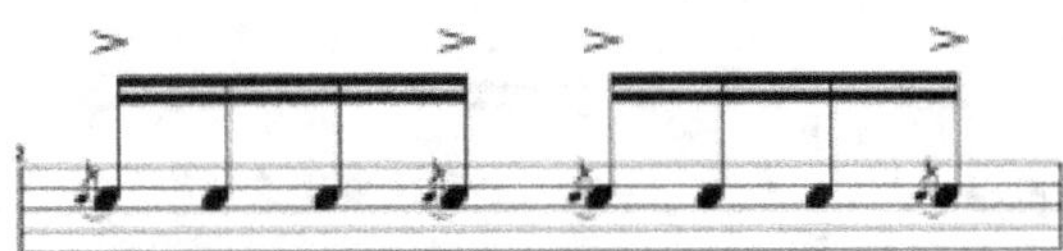

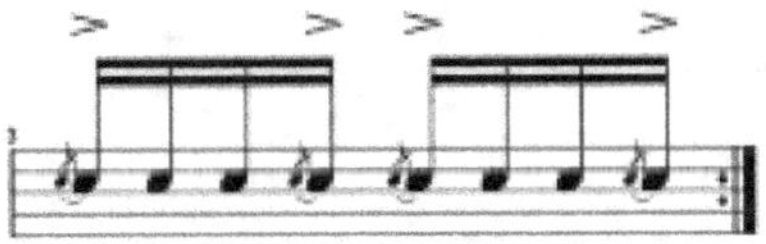

Hybrid Rudiments

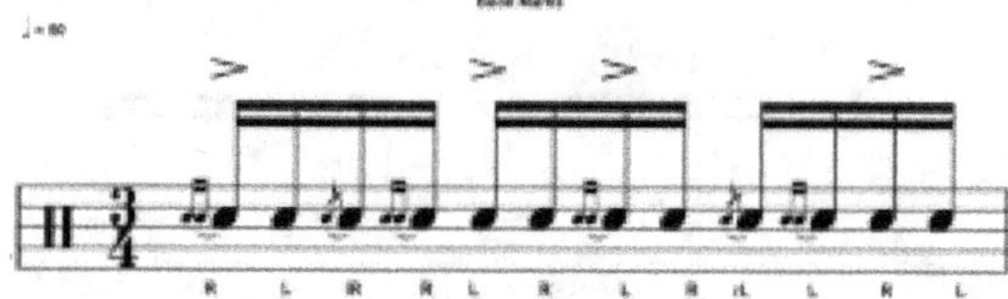

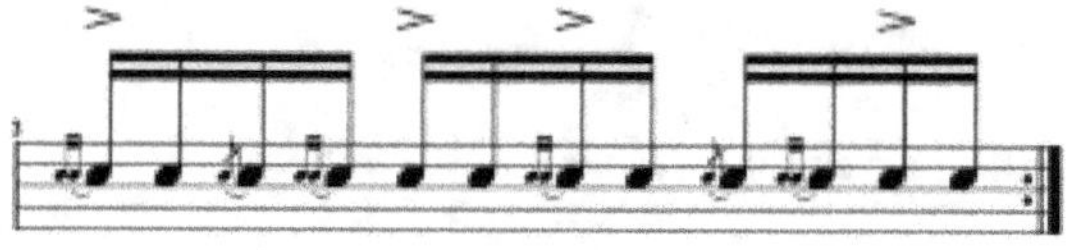

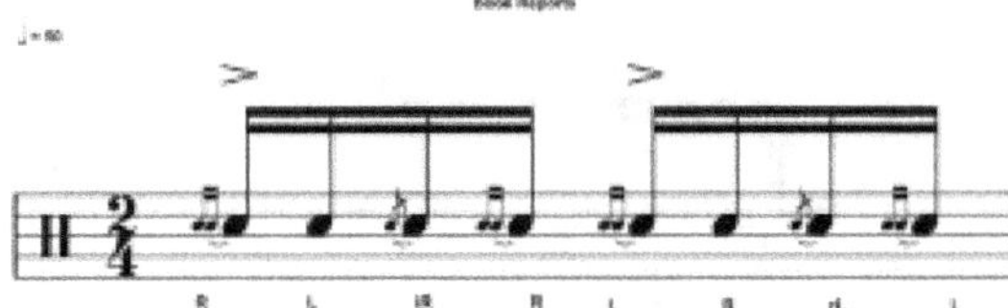
Hybrid Rudiments
Book Reports
R L lR R L R rL L

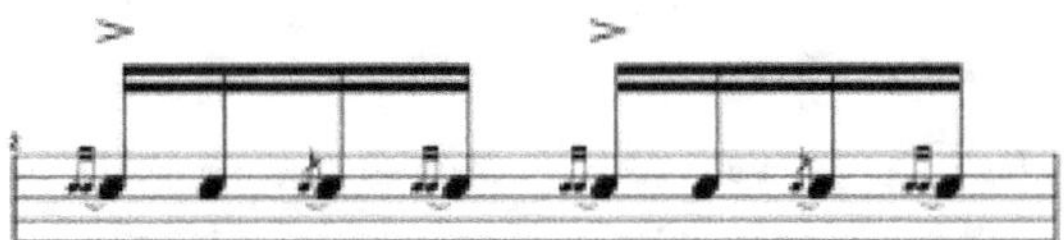

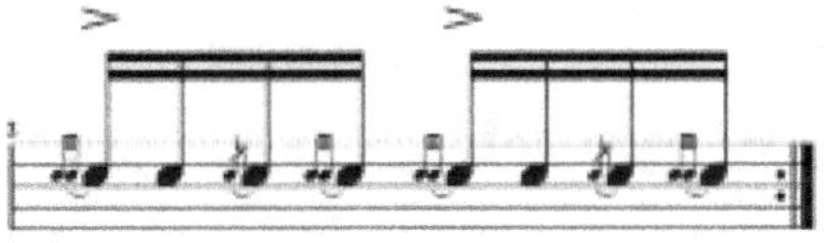

PABLO MORÁN GARCÍA

Hybrid Rudiments

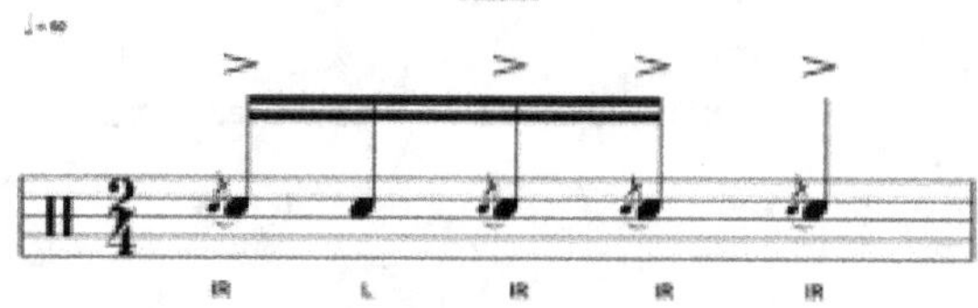

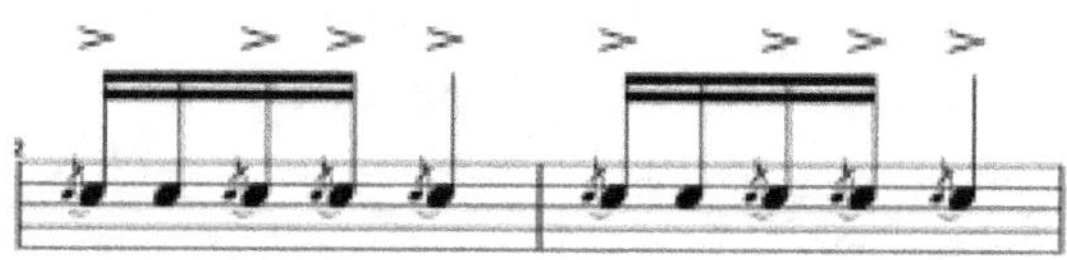

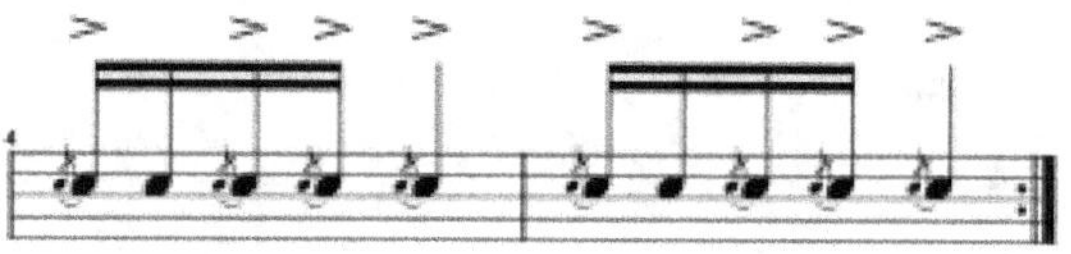

Hybrid Rudiments

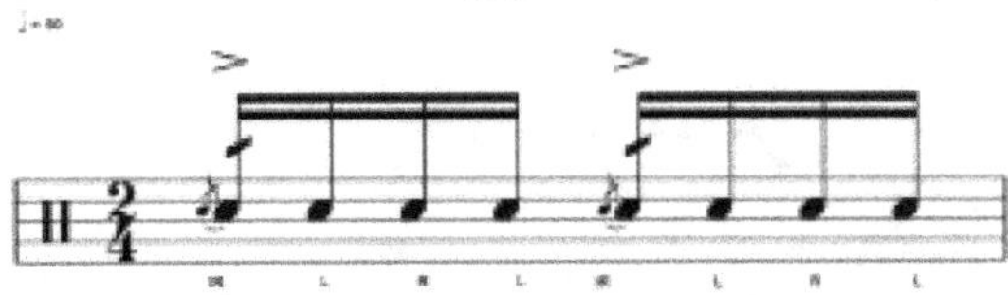

PABLO MORÁN GARCÍA

Hybrid Rudiments

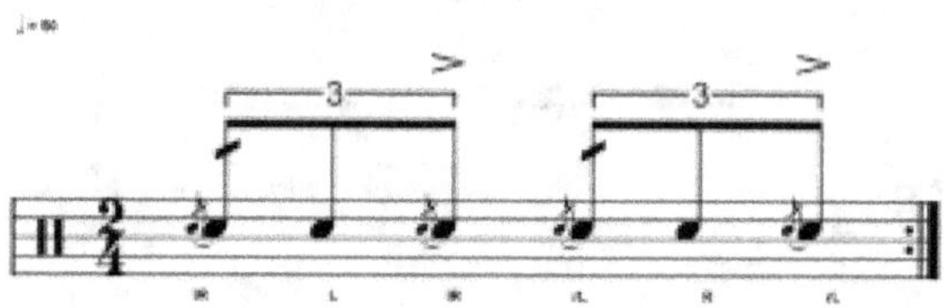

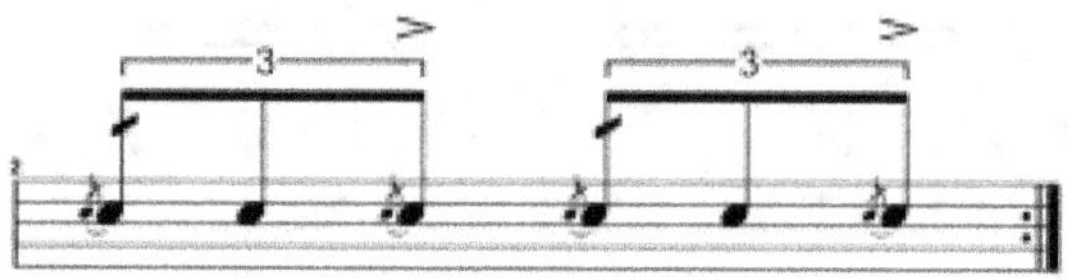

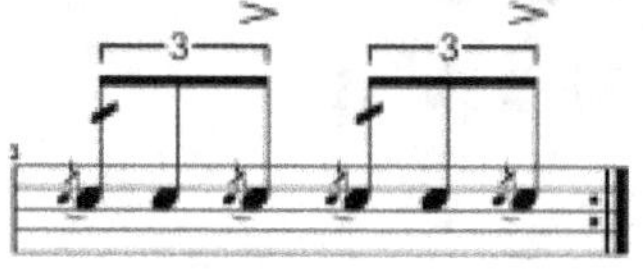

Hybrid Rudiments

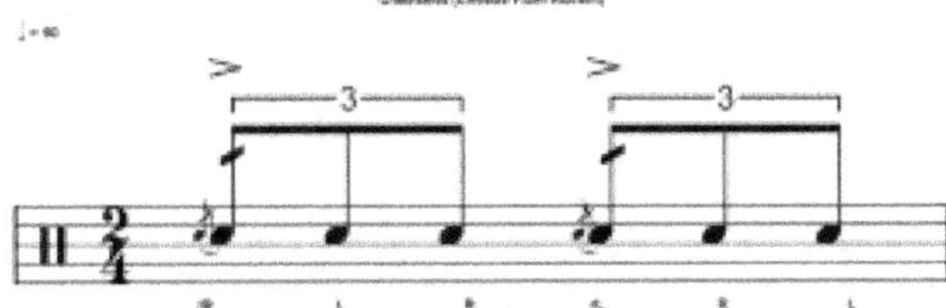

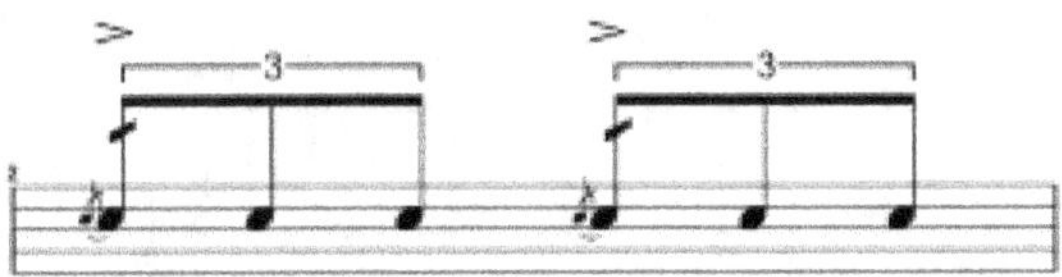

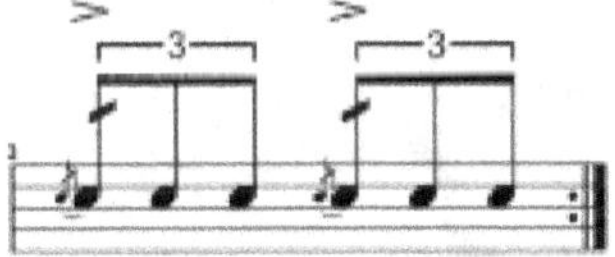

Hybrid Rudiments

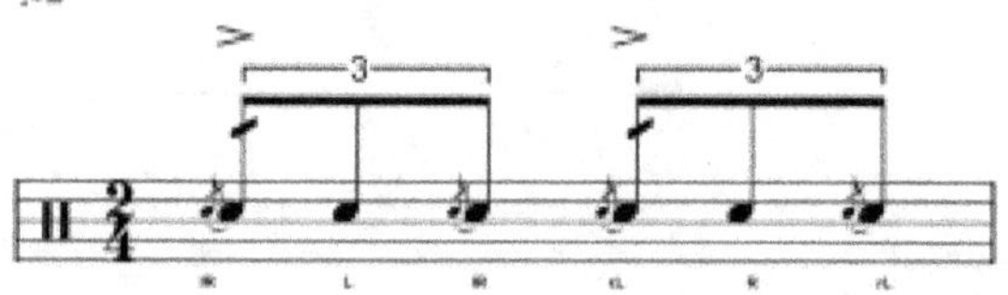

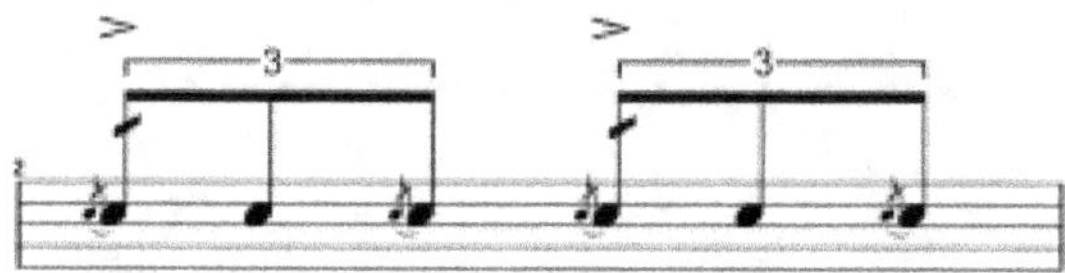

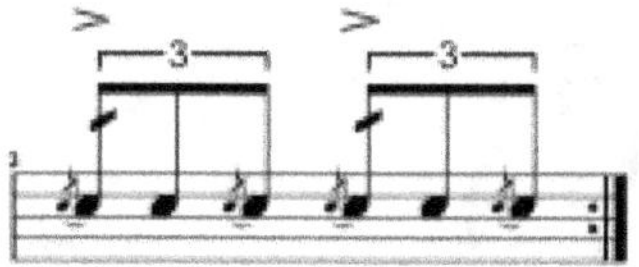

Hybrid Rudiments

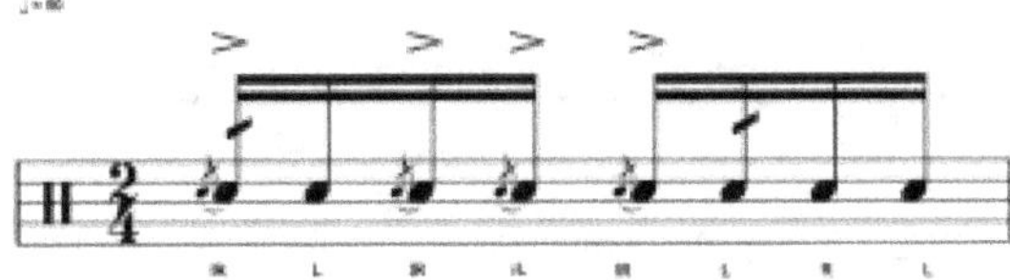

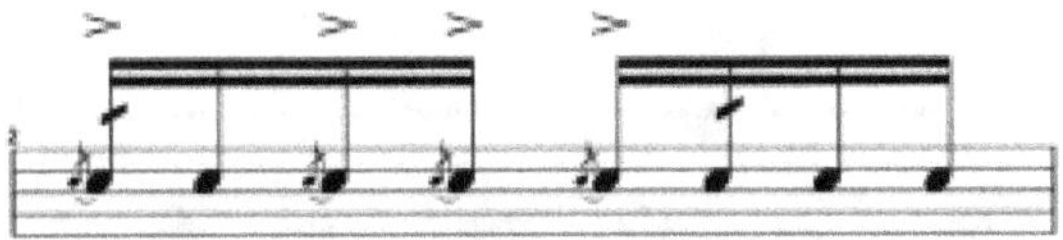

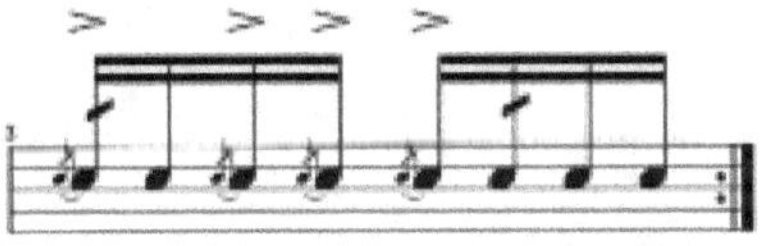

Hybrid Rudiments

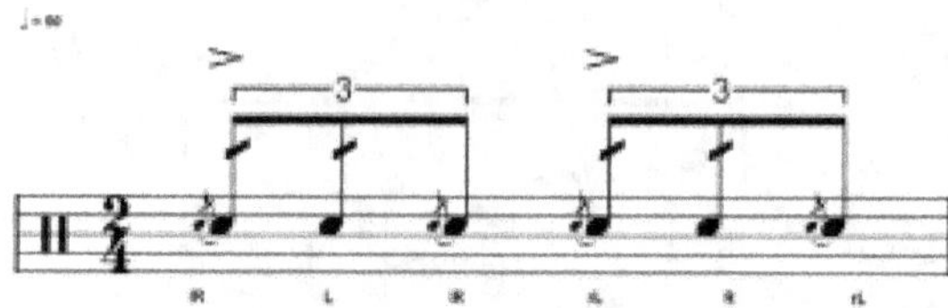

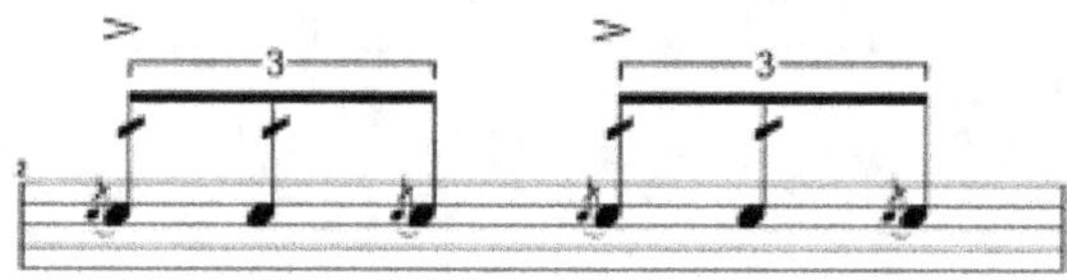

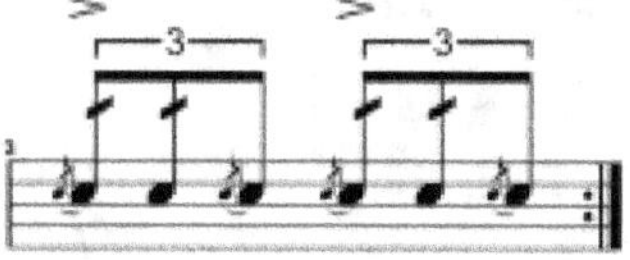

Hybrid Rudiments

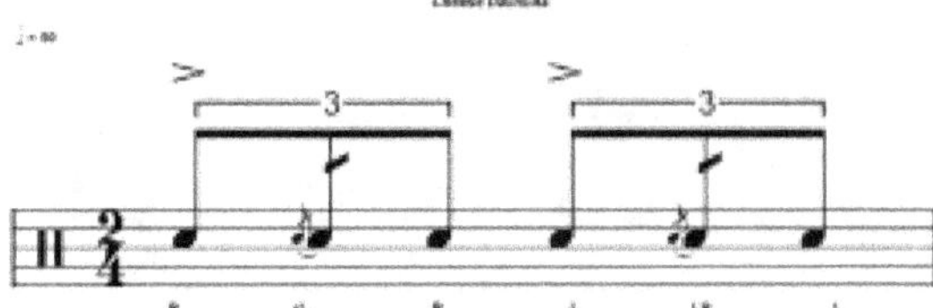

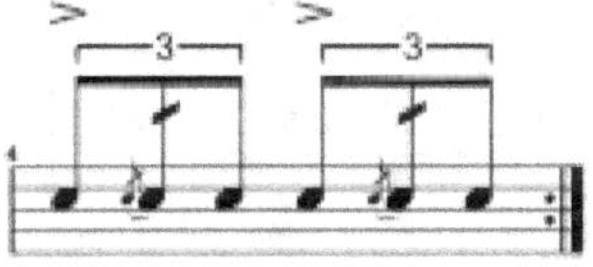

Hybrid Rudiments

Cheese Double Paradiddle

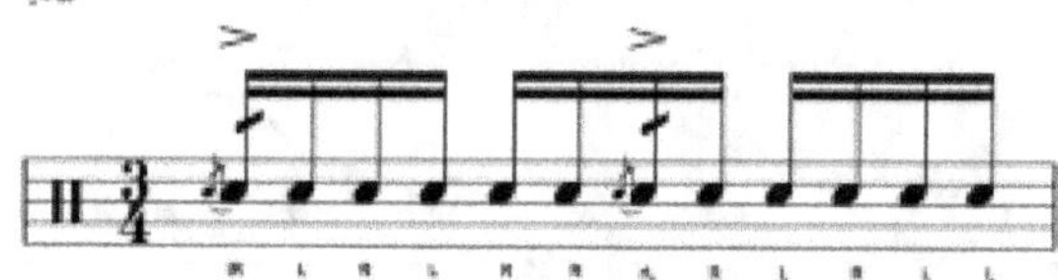

Hybrid Rudiments

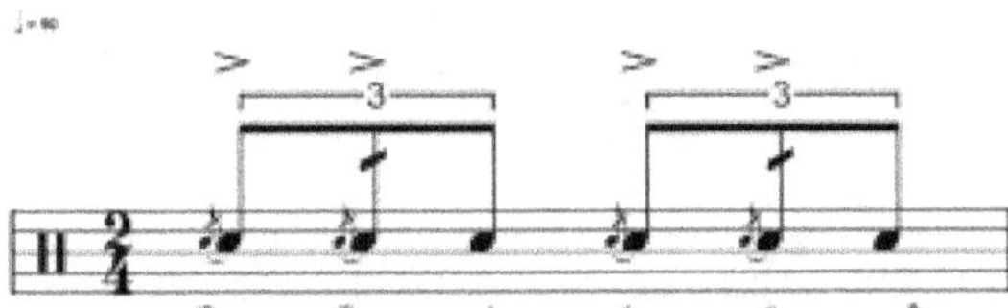

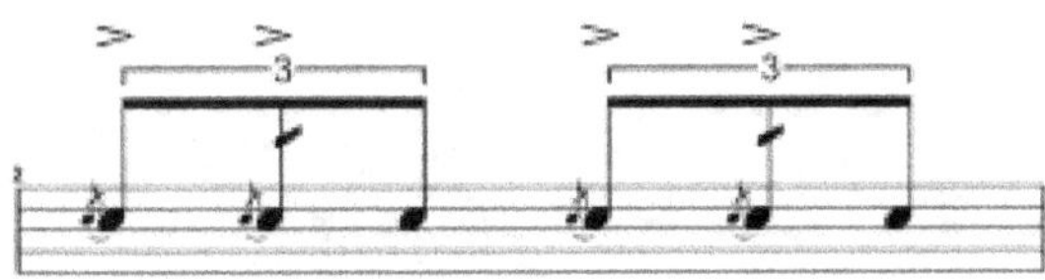

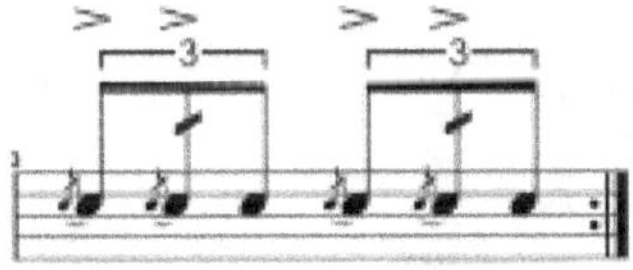

Hybrid Rudiments

Cheese Flutare (Jeff queen's Variation)

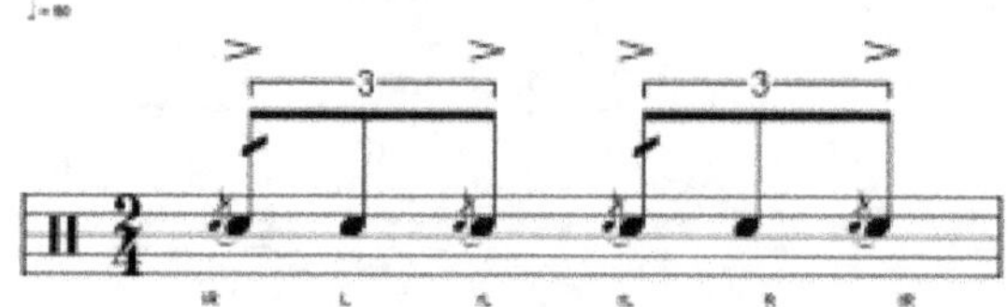

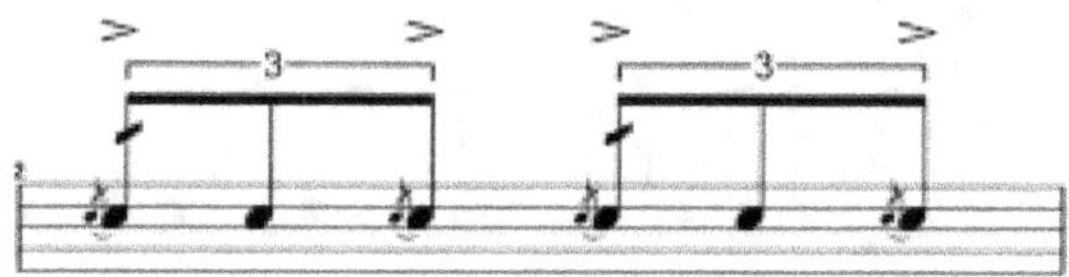

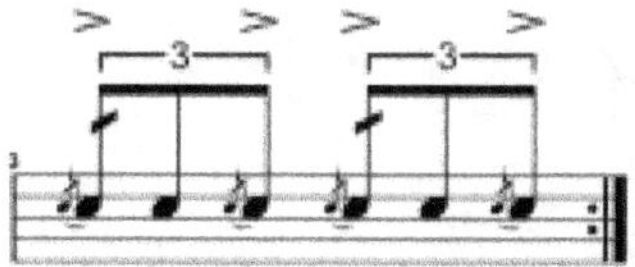

Hybrid Rudiments

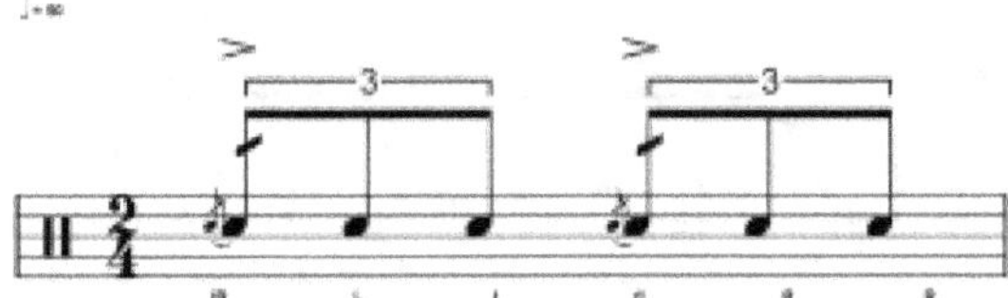

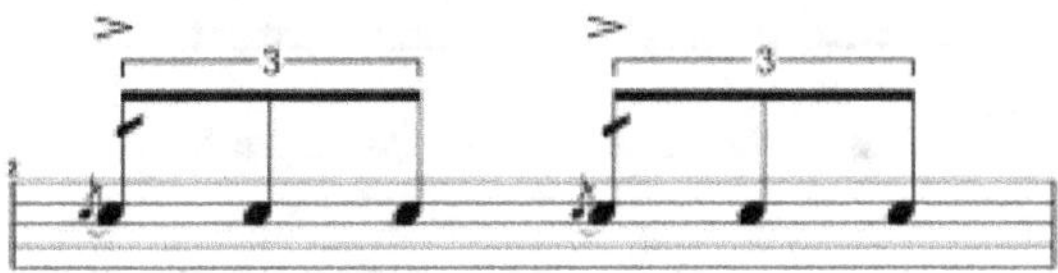

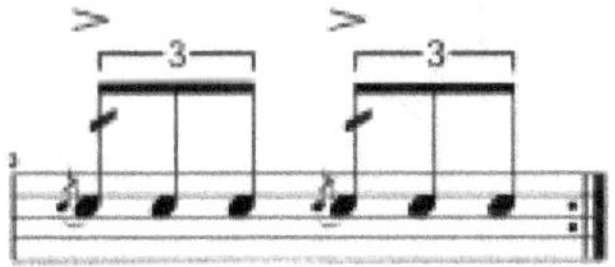

Hybrid Rudiments

Cheese Inverts (Inverted Cheese Flam Tap)

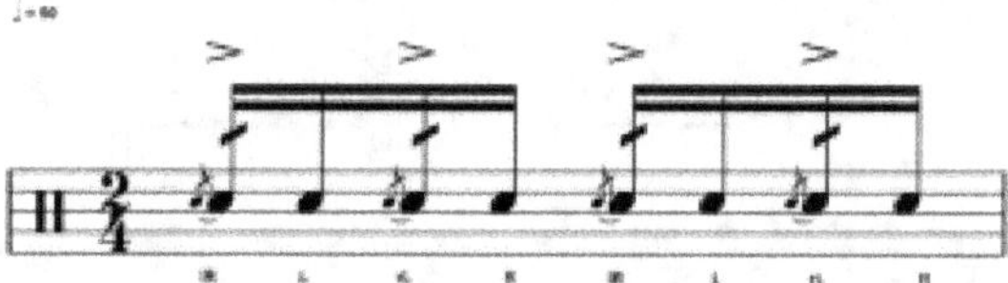

Hybrid Rudiments

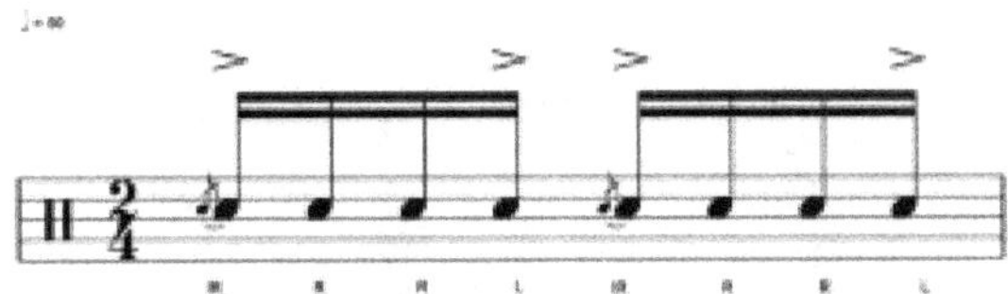

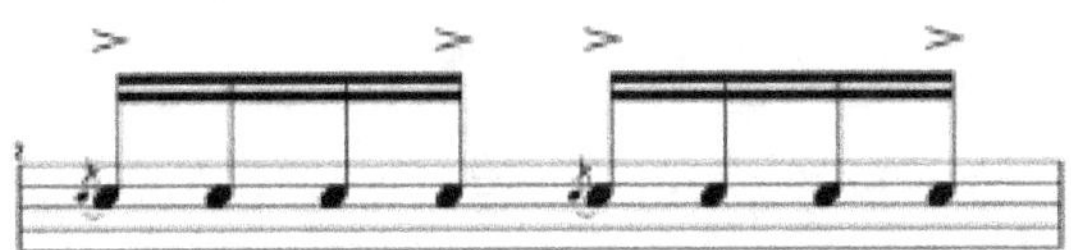

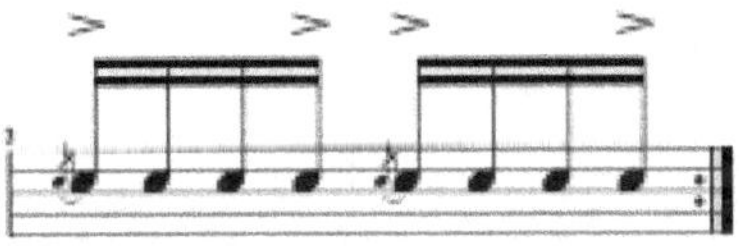

Hybrid Rudiments

Cheese Paradiddle

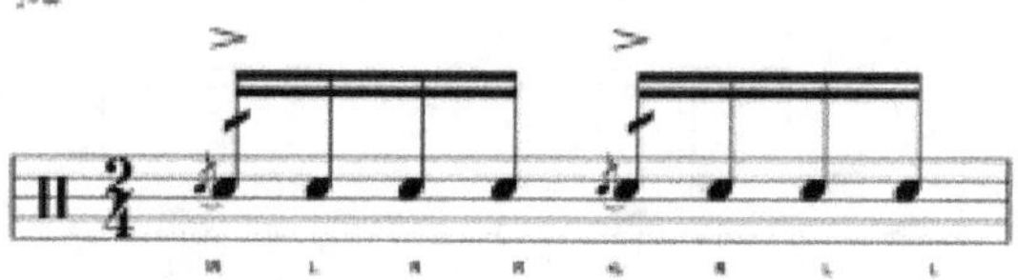

Hybrid Rudiments

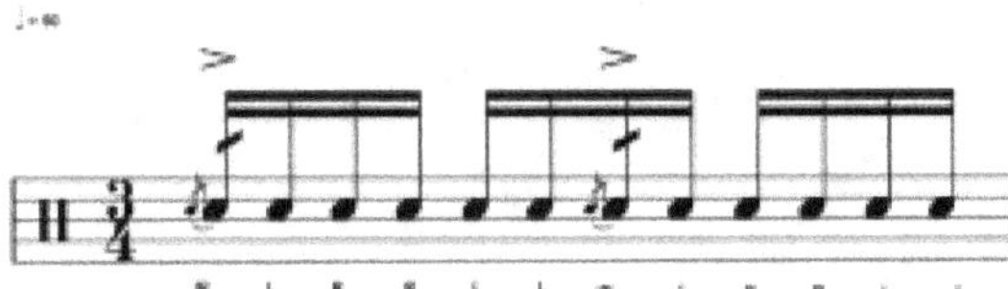

Hybrid Rudiments

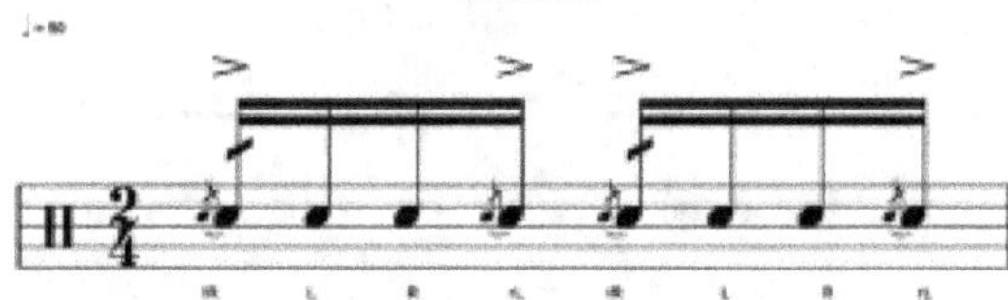

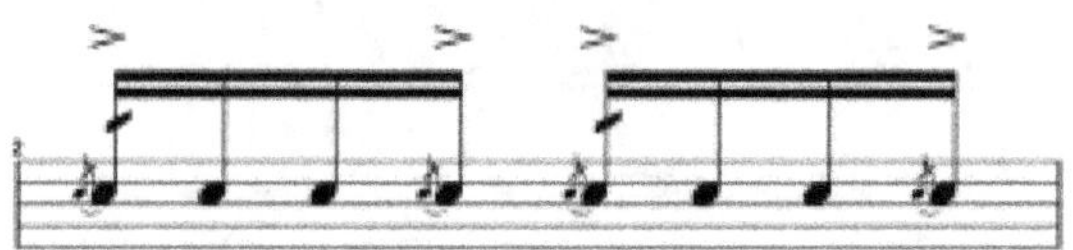

Hybrid Rudiments

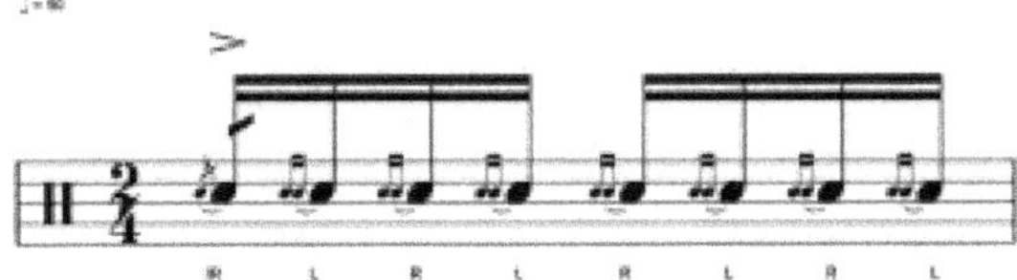

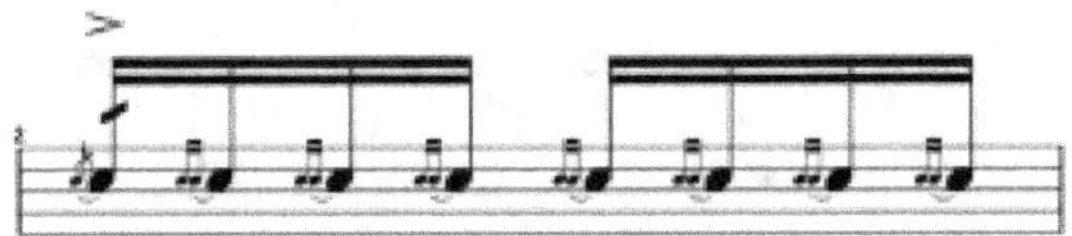

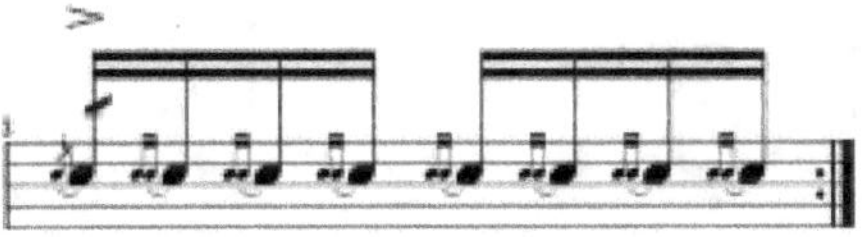

Hybrid Rudiments

Cheese Triple Paradiddle

Hybrid Rudiments

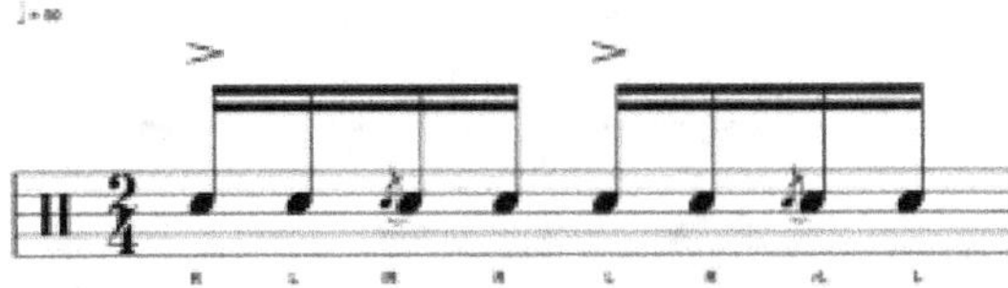

PABLO MORÁN GARCÍA

Hybrid Rudiments

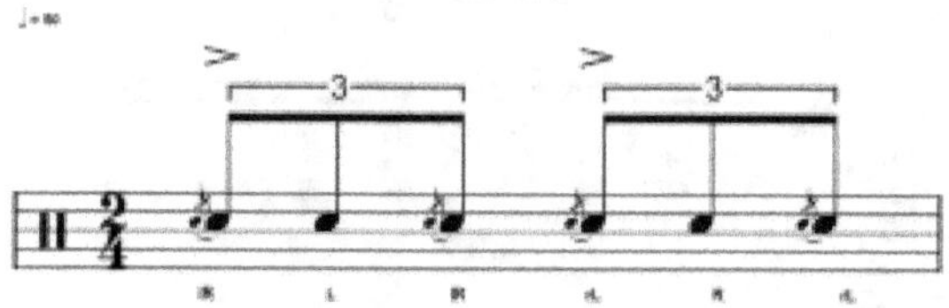

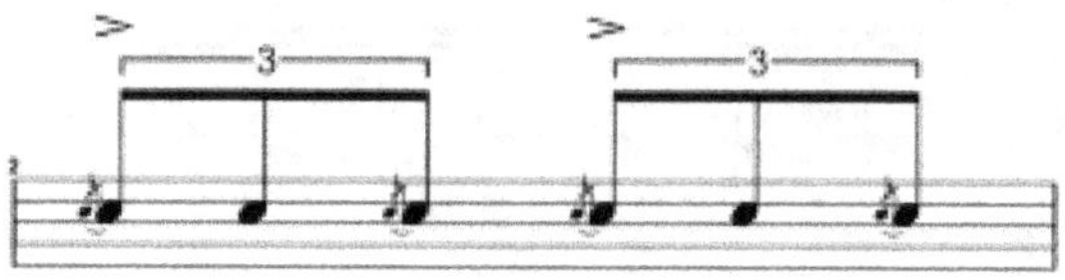

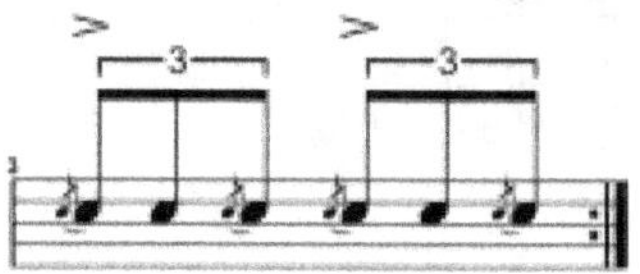

Hybrid Rudiments

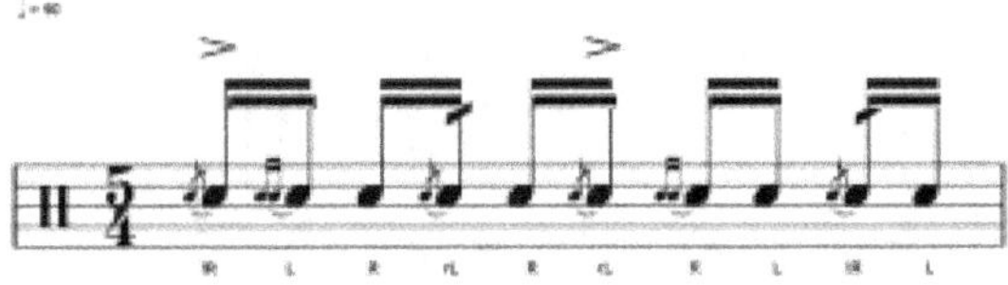

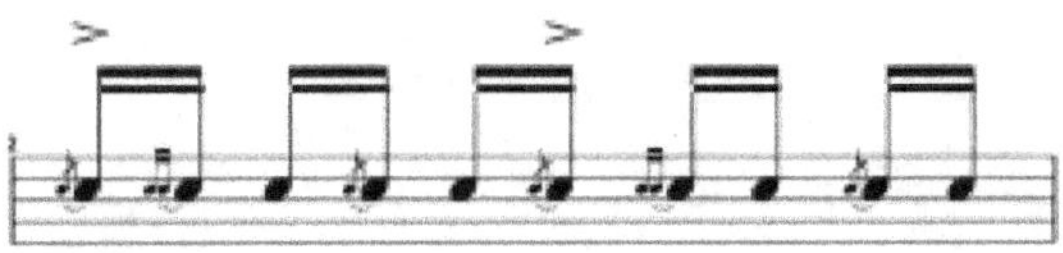

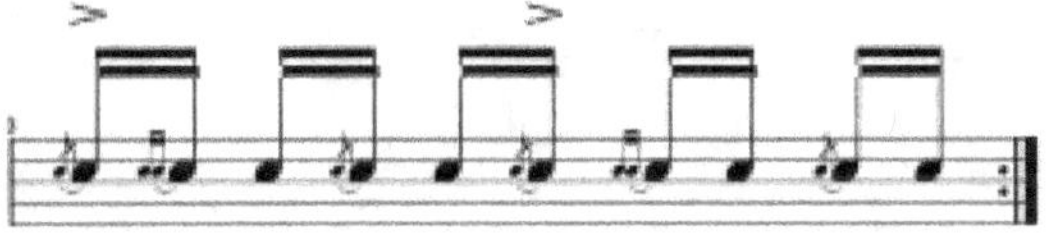

Hybrid Rudiments

Chutos Drag

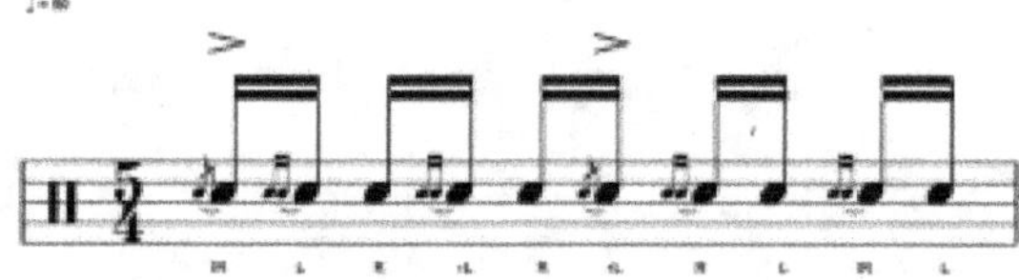

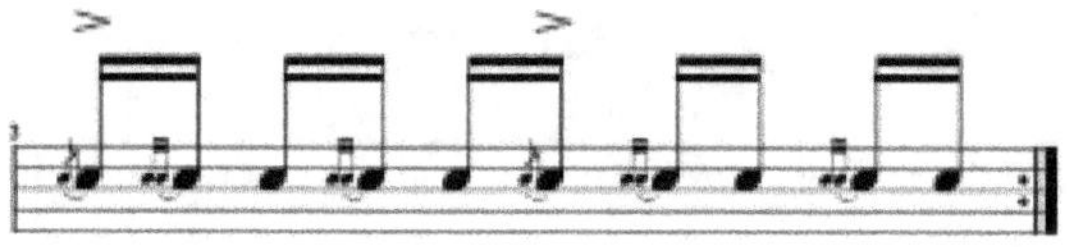

Hybrid Rudiments

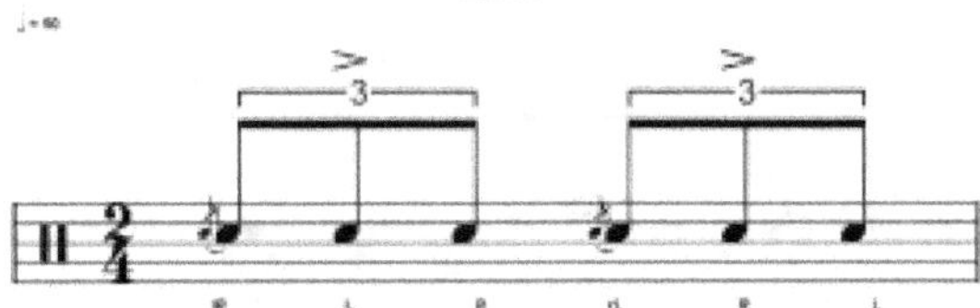

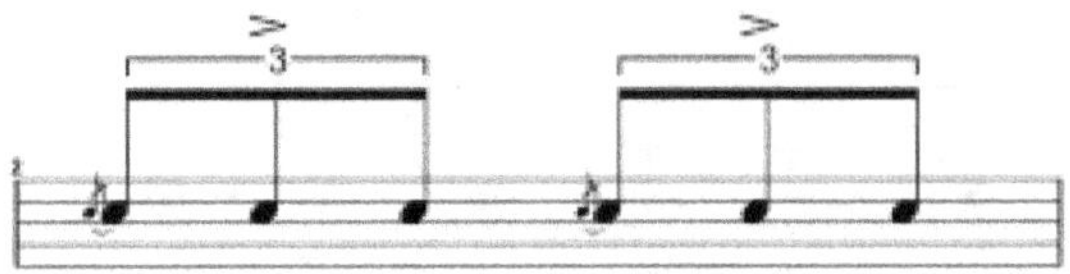

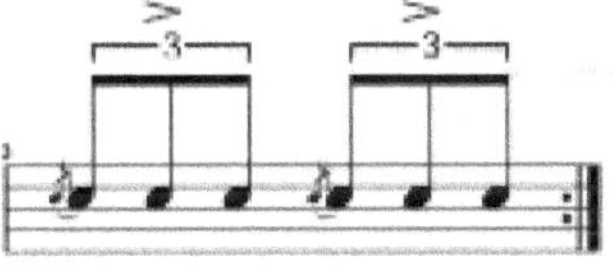

Hybrid Rudiments

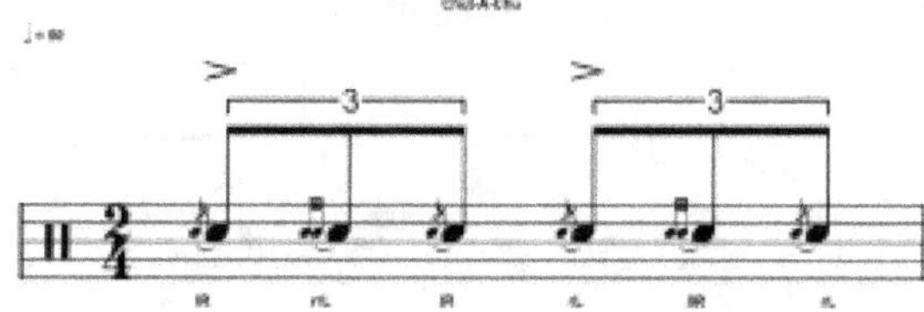

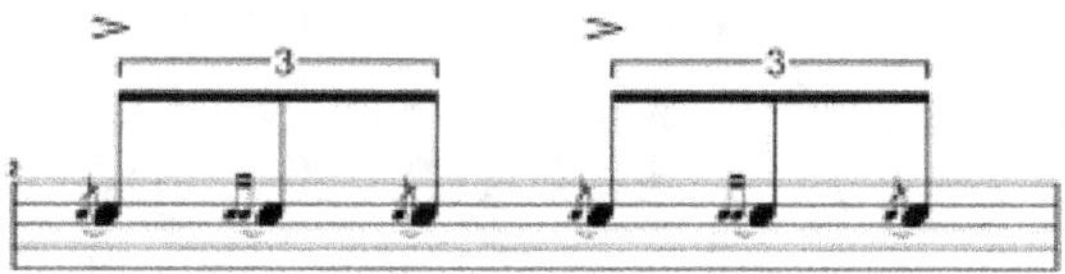

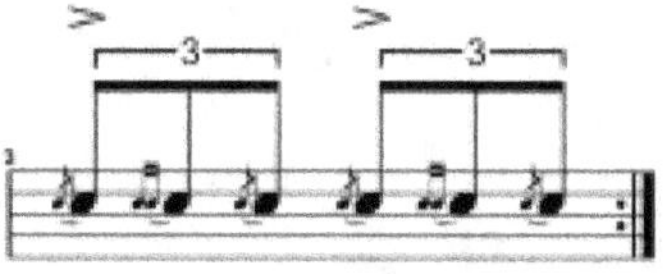

Hybrid Rudiments

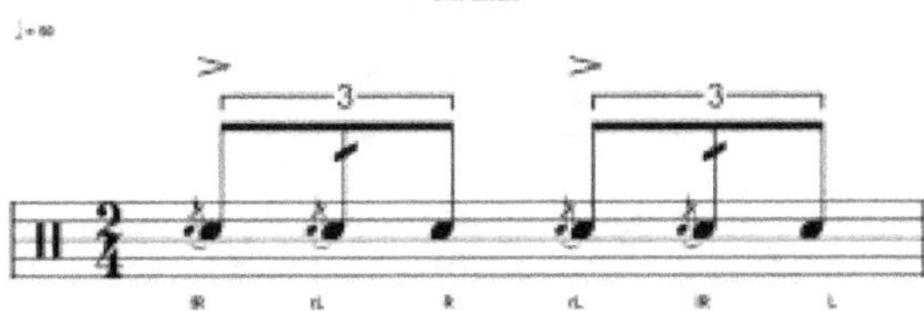

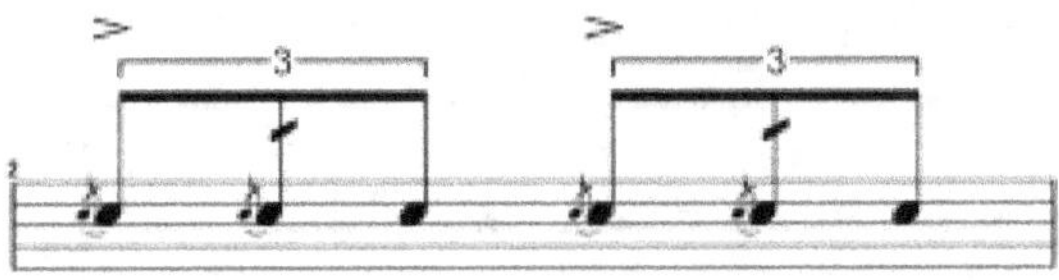

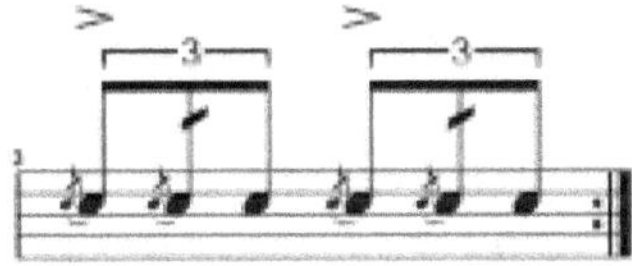

PABLO MORÁN GARCÍA

Hybrid Rudiments

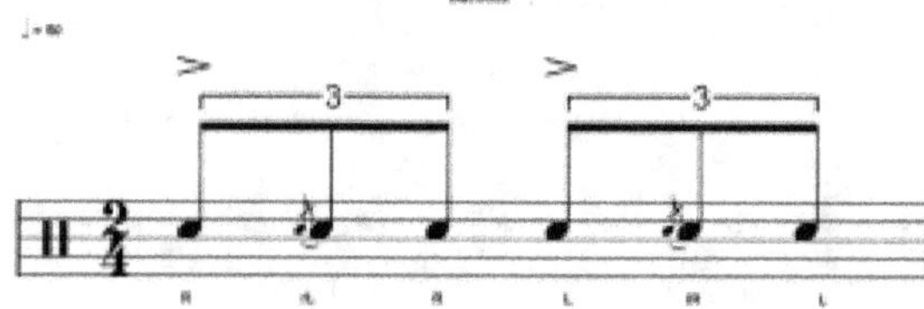

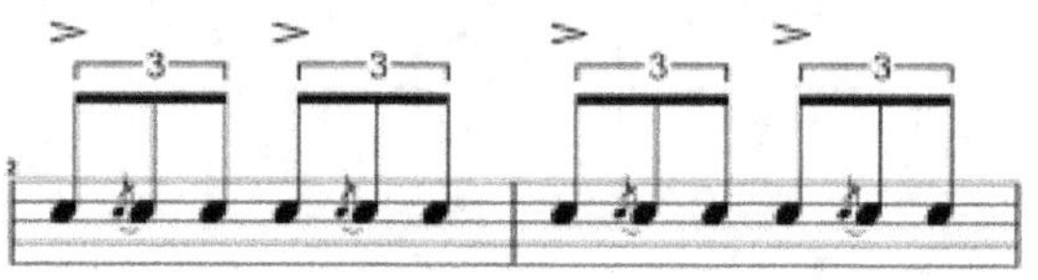

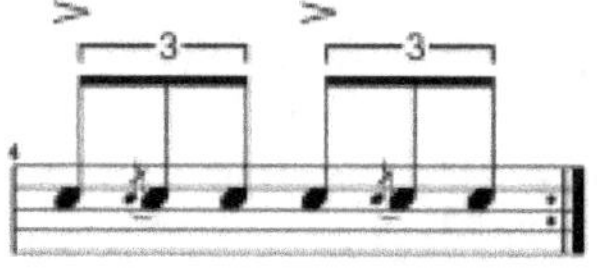

Hybrid Rudiments

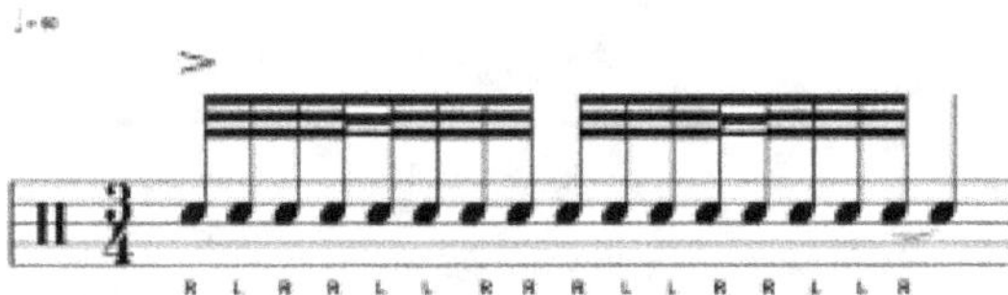

Hybrid Rudiments

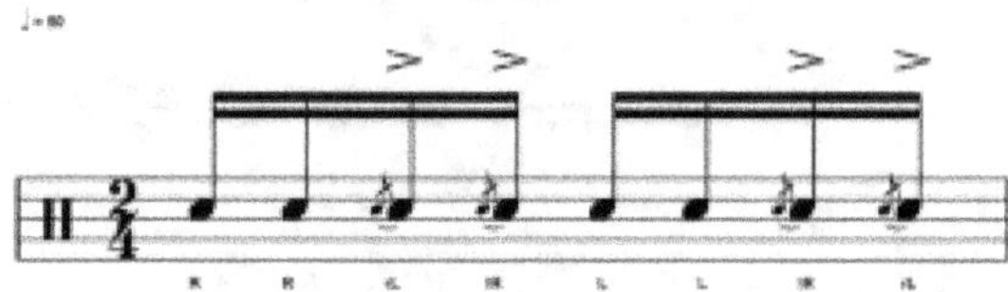

Hybrid Rudiments

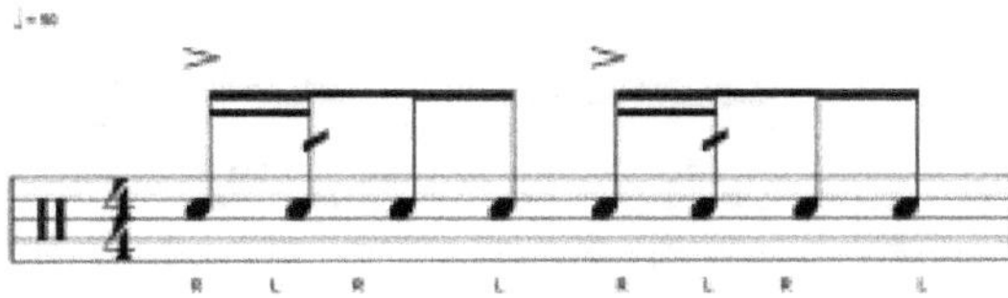

Hybrid Rudiments

Doctoral Thesis

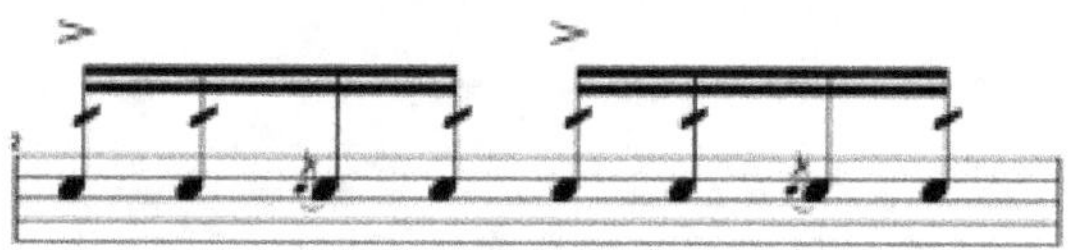

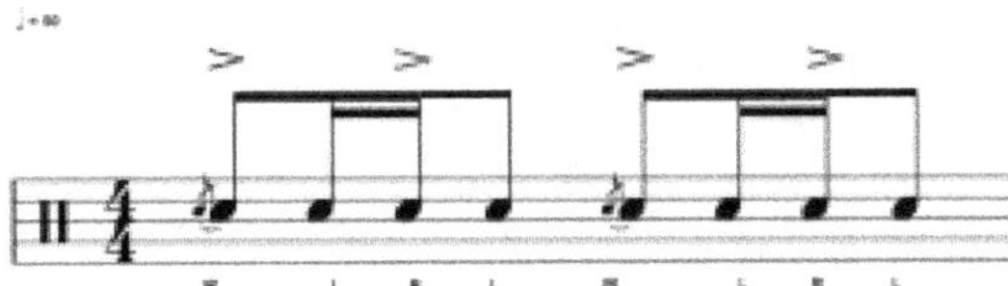

Hybrid Rudiments
Double Accented Single Flam Drag
R L R L R L R L

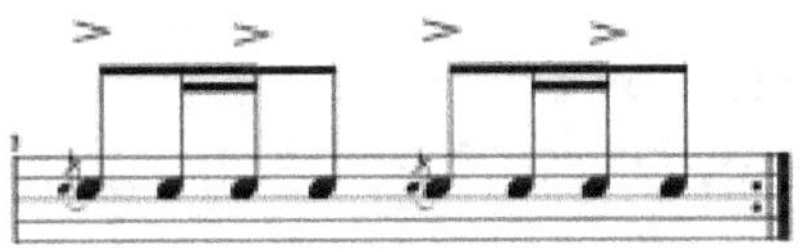

Hybrid Rudiments

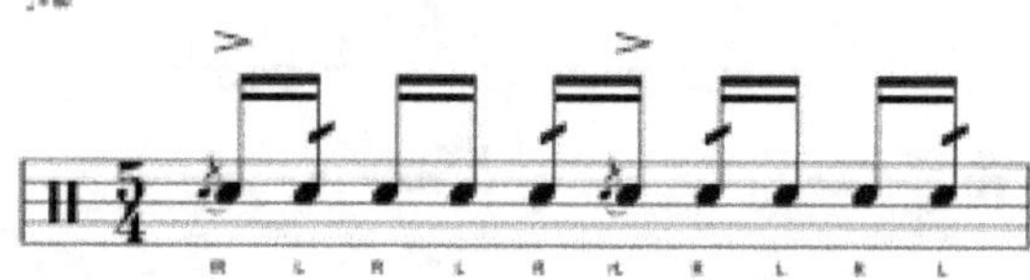

Hybrid Rudiments

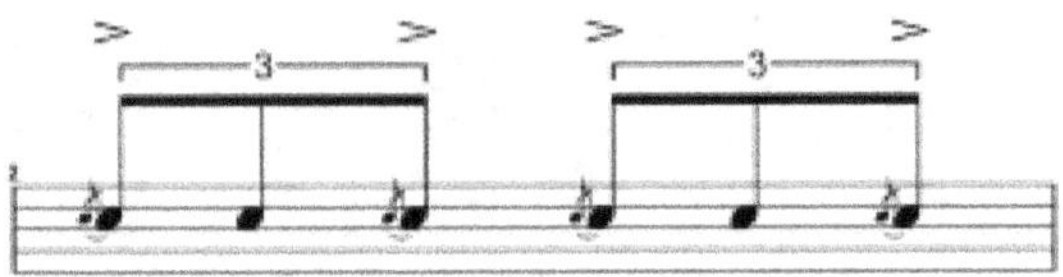

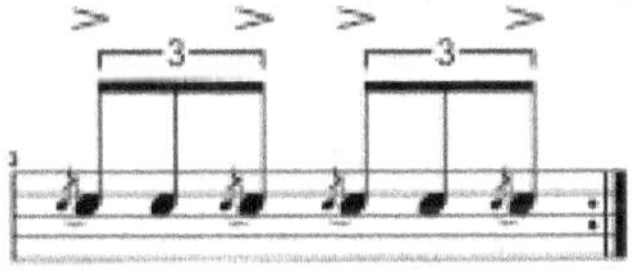

Hybrid Rudiments

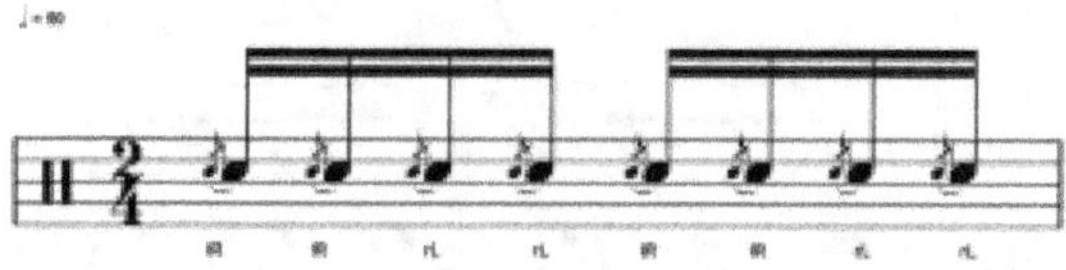

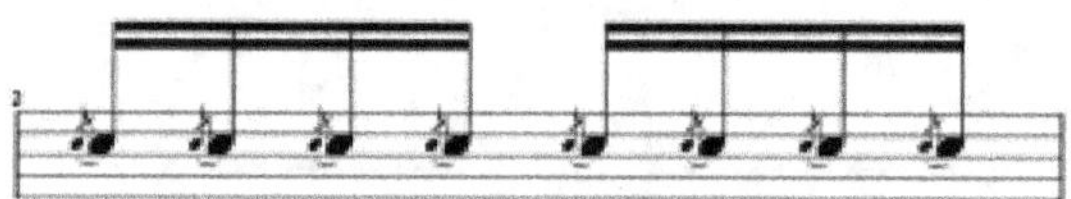

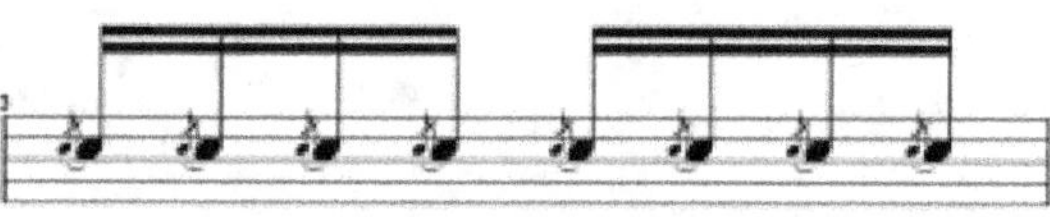

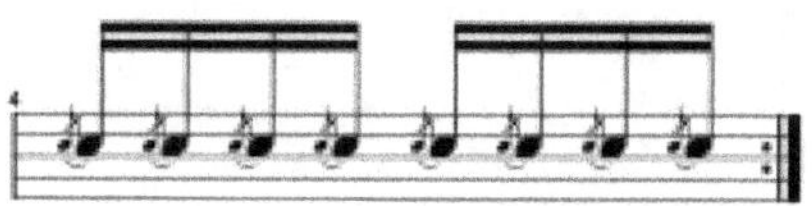

Hybrid Rudiments

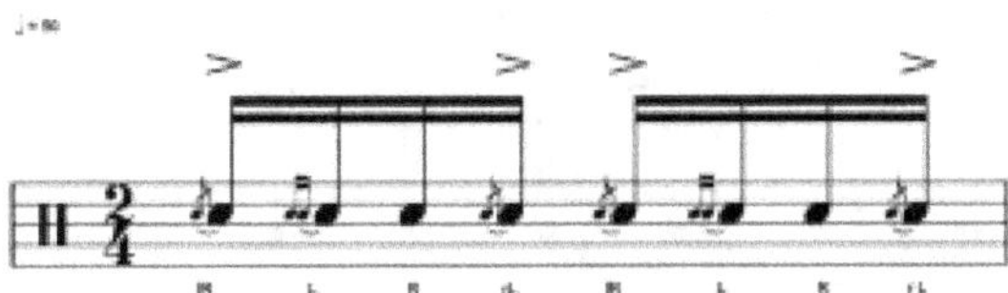

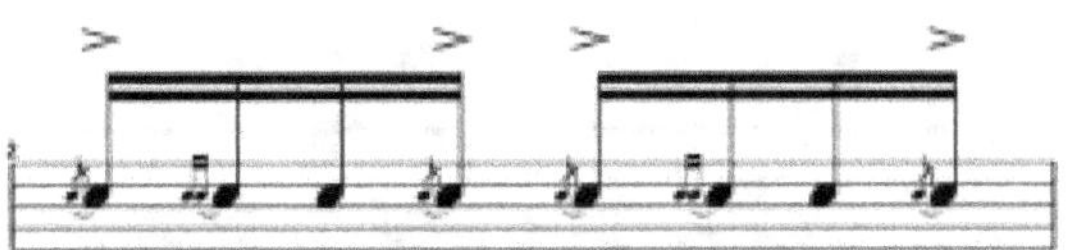

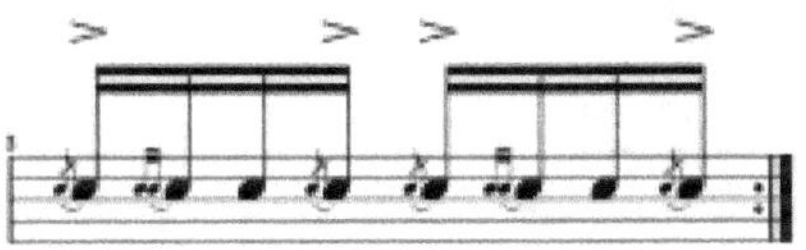

Hybrid Rudiments

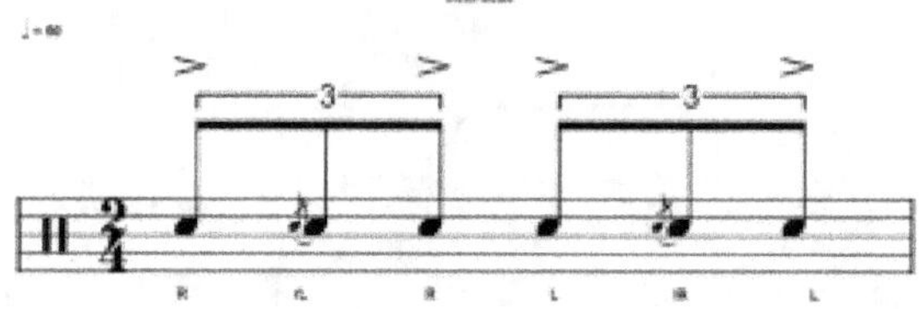

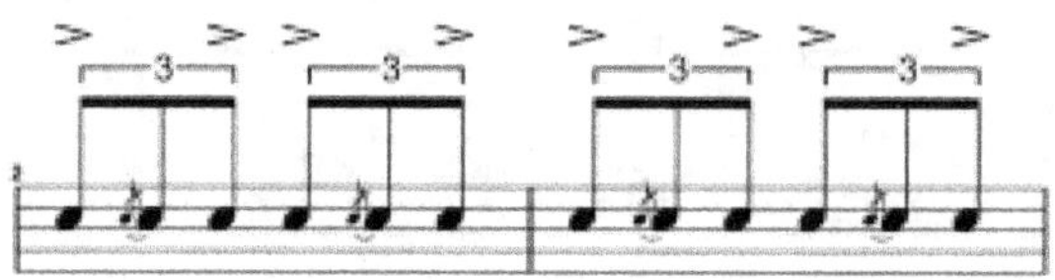

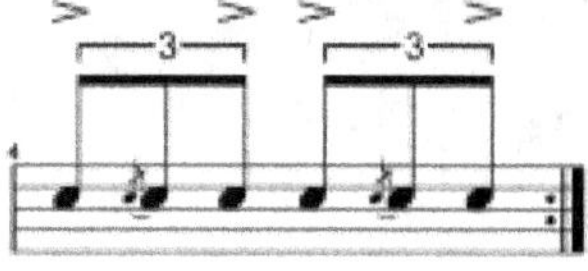

Hybrid Rudiments

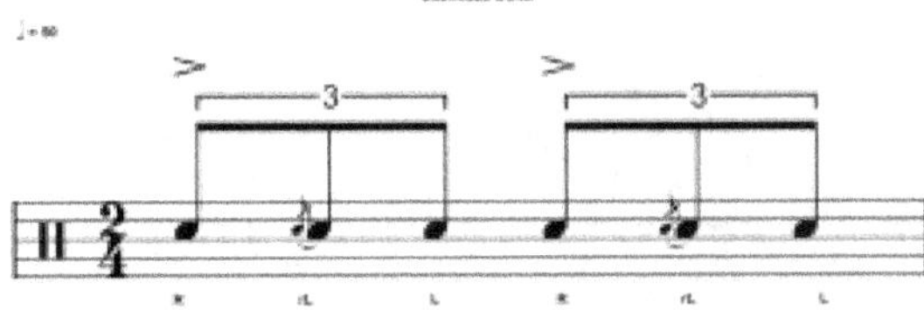

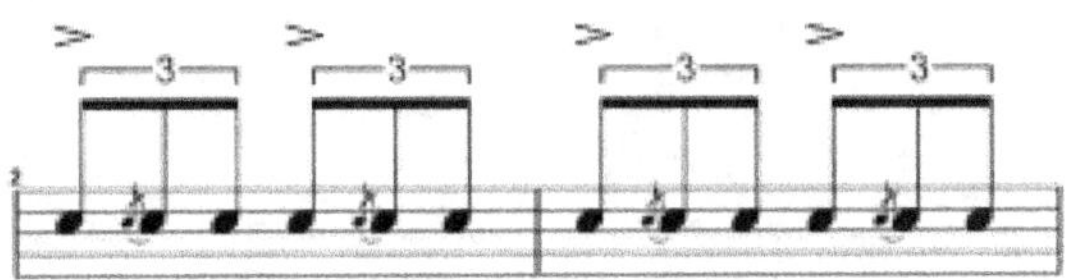

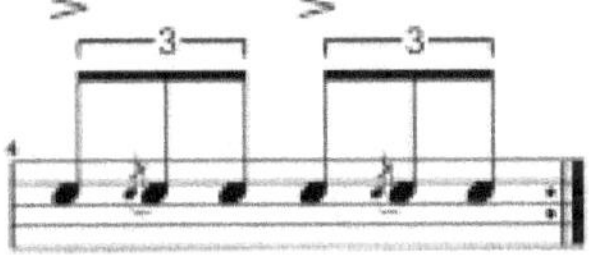

PABLO MORÁN GARCÍA

Hybrid Rudiments

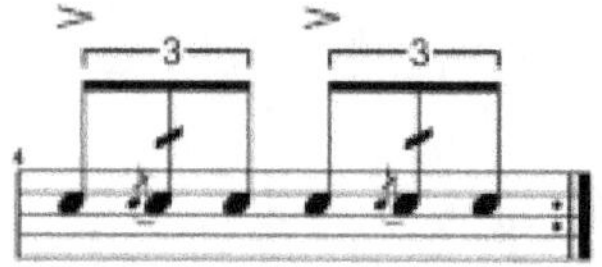

Hybrid Rudiments

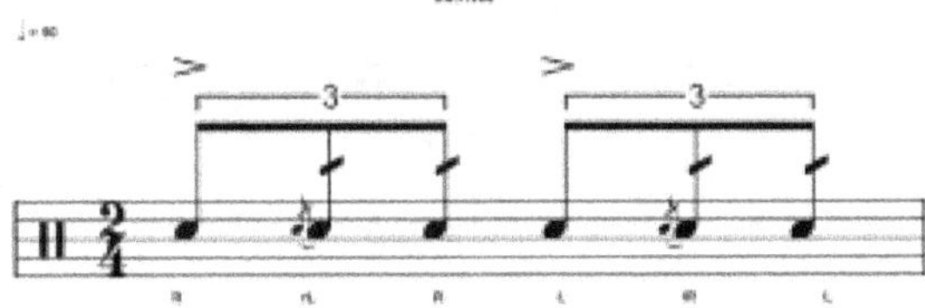

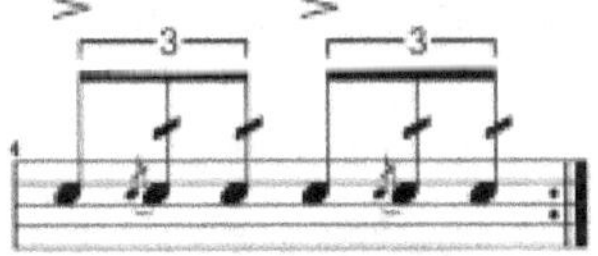

Hybrid Rudiments

Hybrid Rudiments

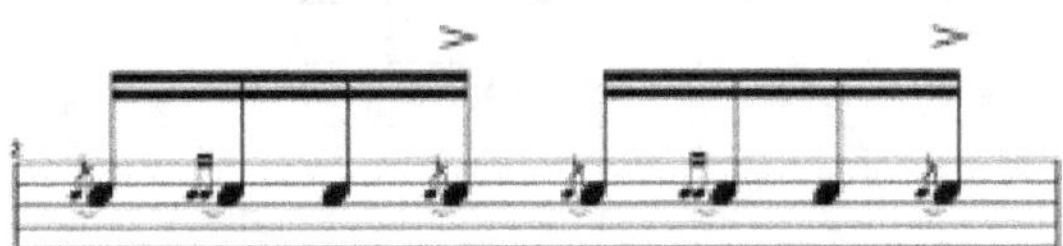

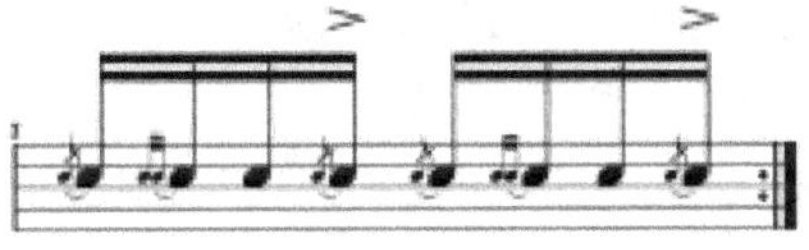

Hybrid Rudiments

Hybrid Rudiments

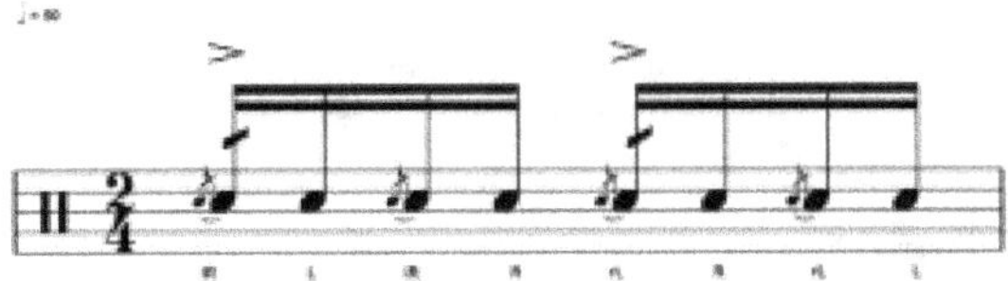

Hybrid Rudiments

Flam Cheese Paradiddle (3 Flams)

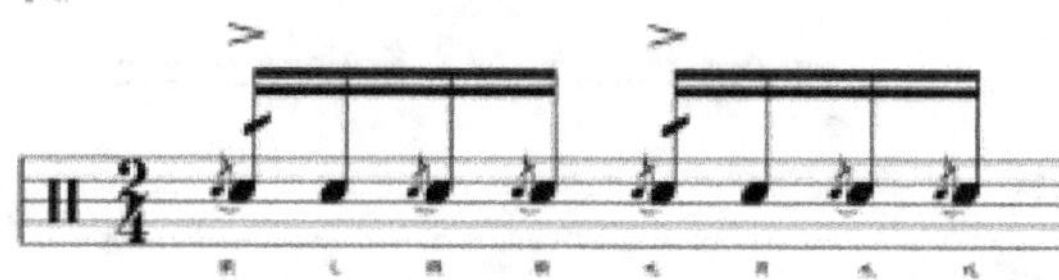

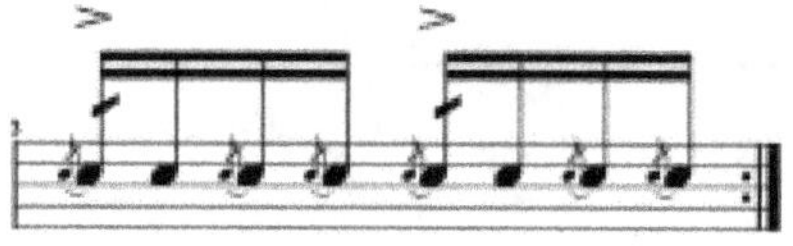

Hybrid Rudiments

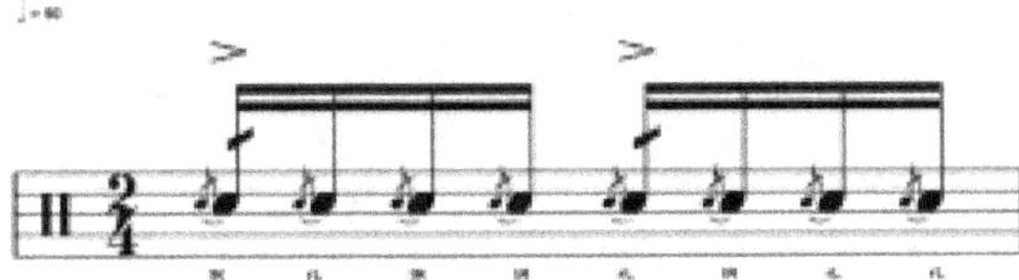

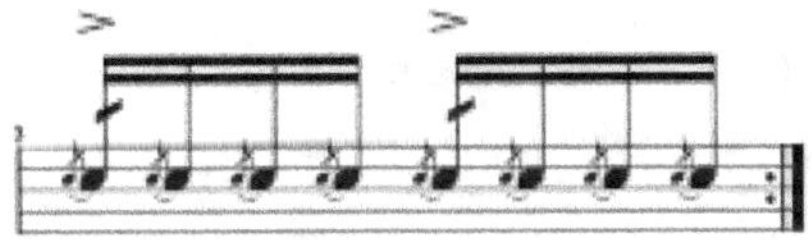

Hybrid Rudiments

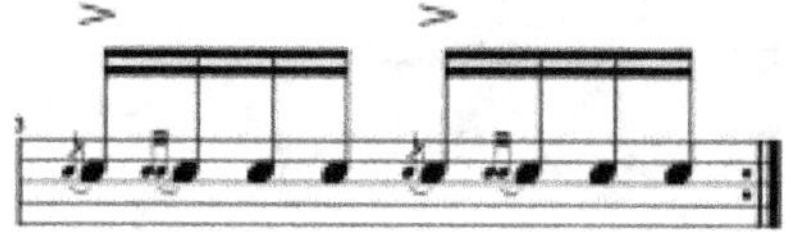

Hybrid Rudiments

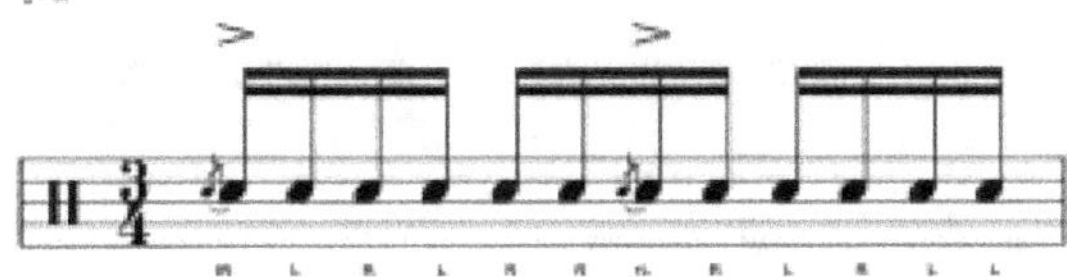

Hybrid Rudiments

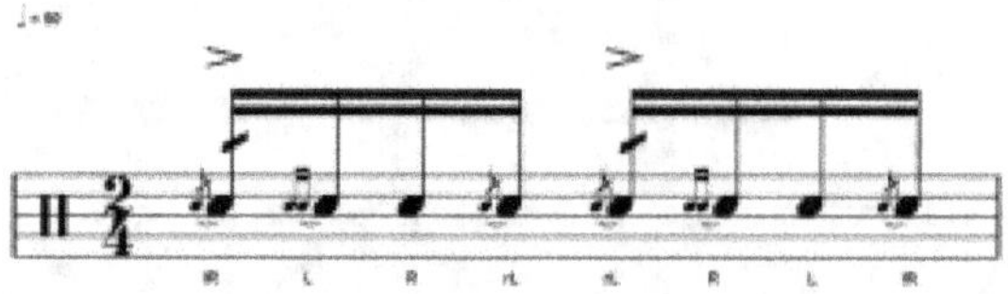

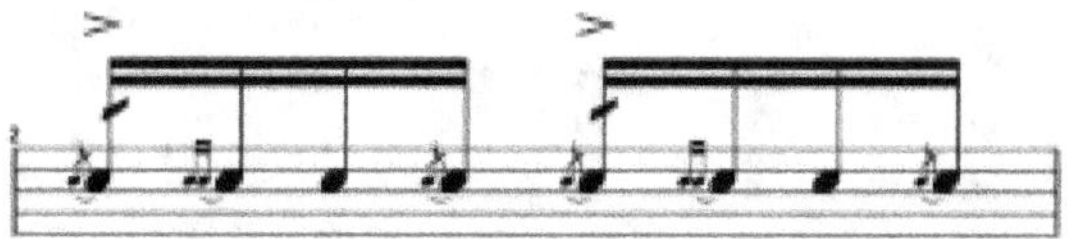

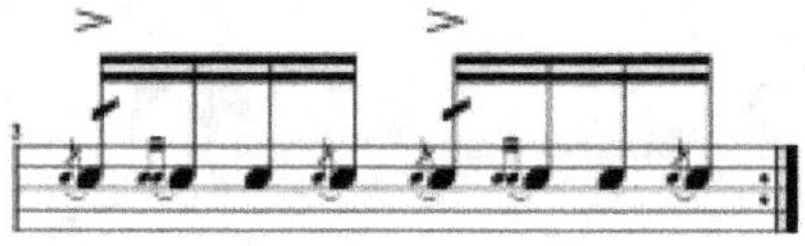

Hybrid Rudiments

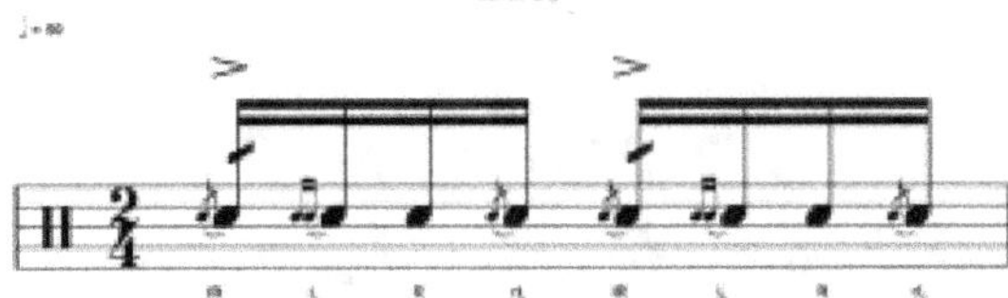

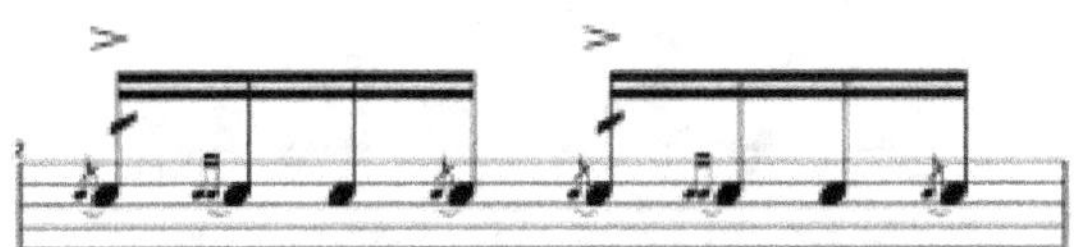

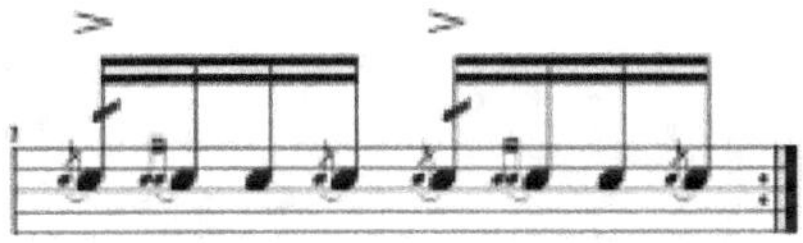

Hybrid Rudiments

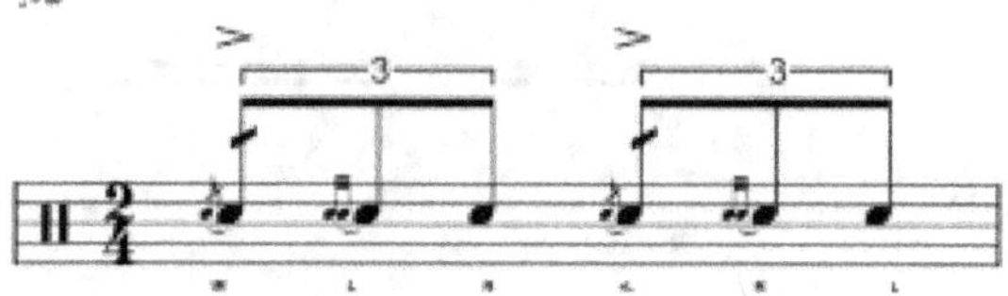

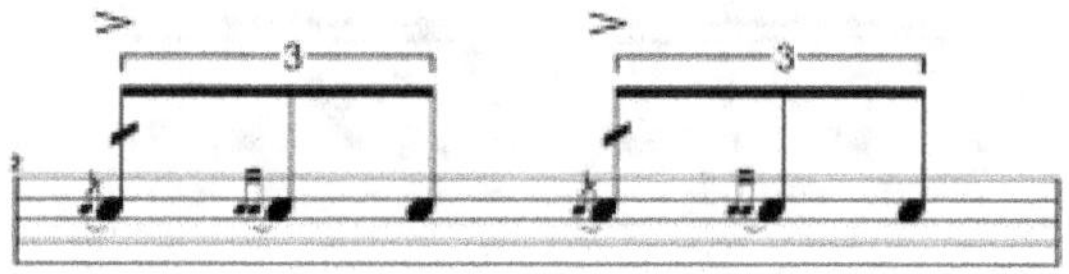

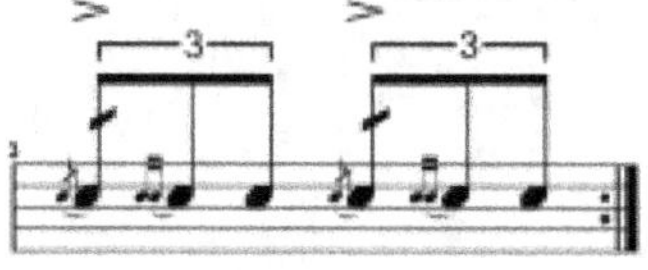

Hybrid Rudiments

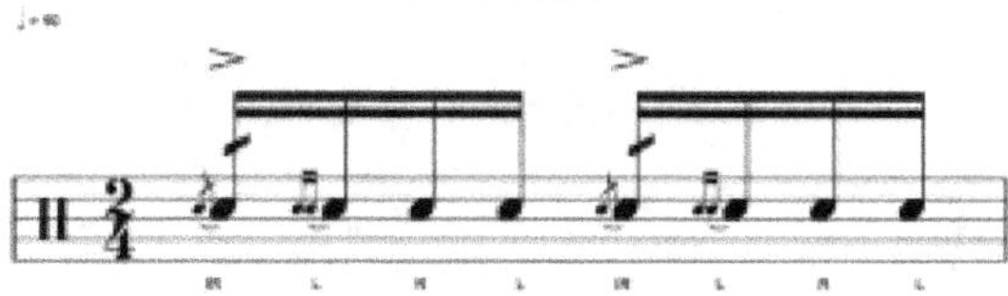

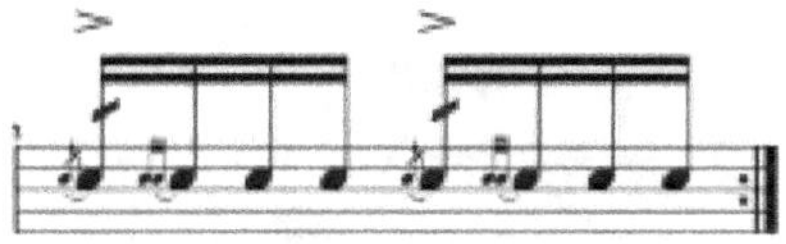

Hybrid Rudiments

Flam/Flam

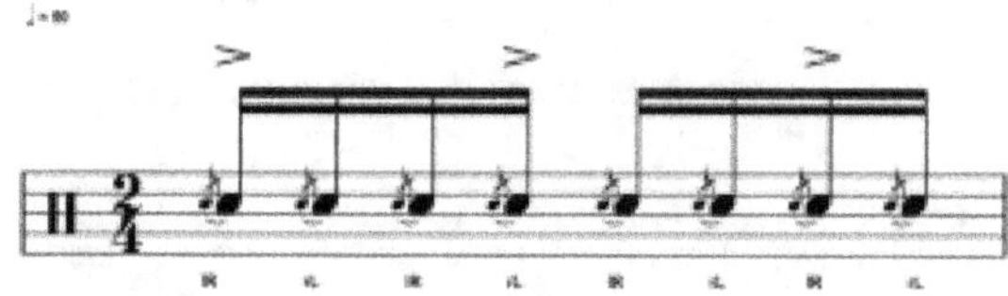

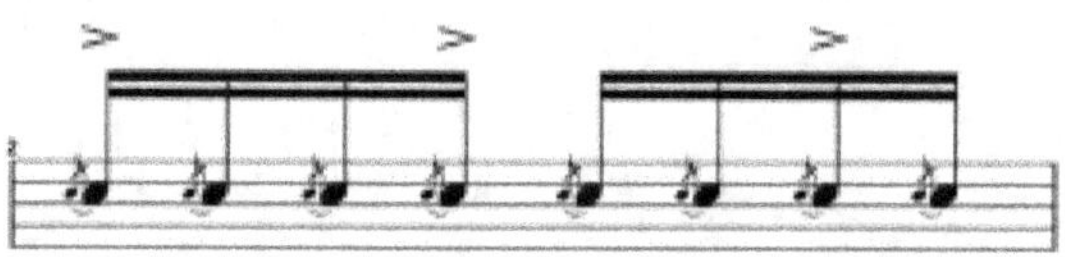

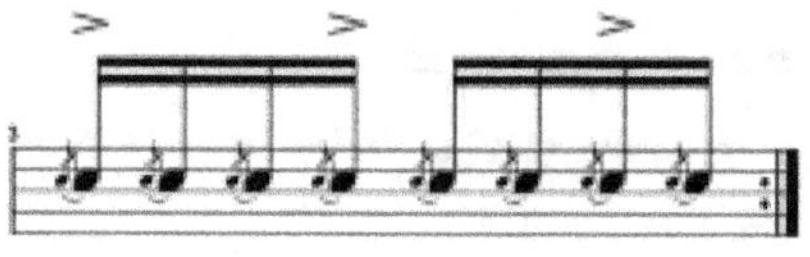

Hybrid Rudiments

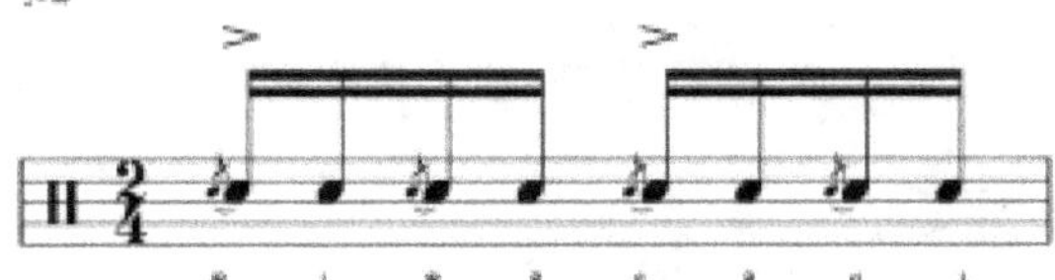

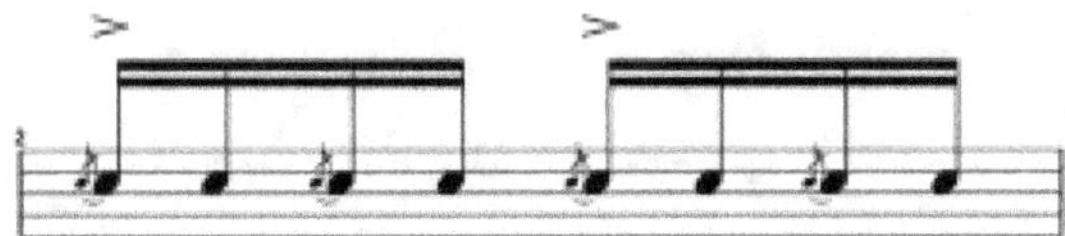

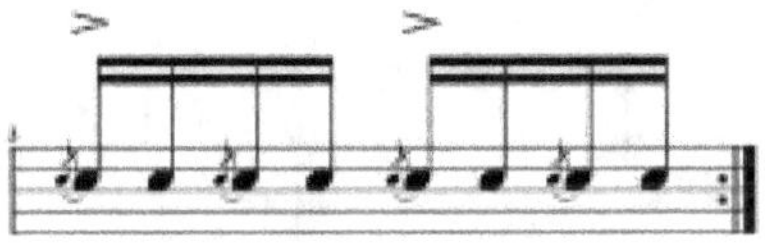

Hybrid Rudiments

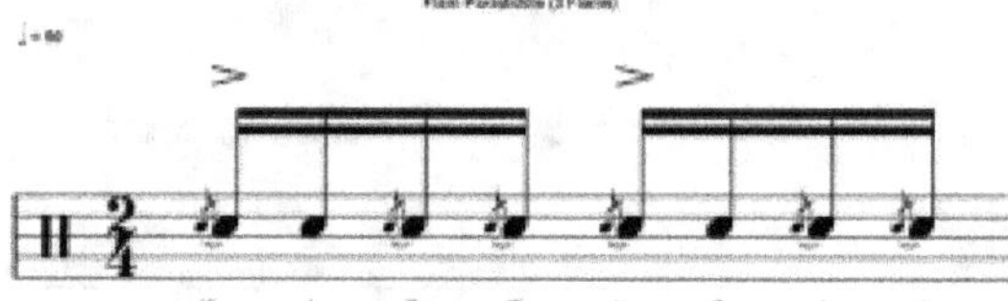

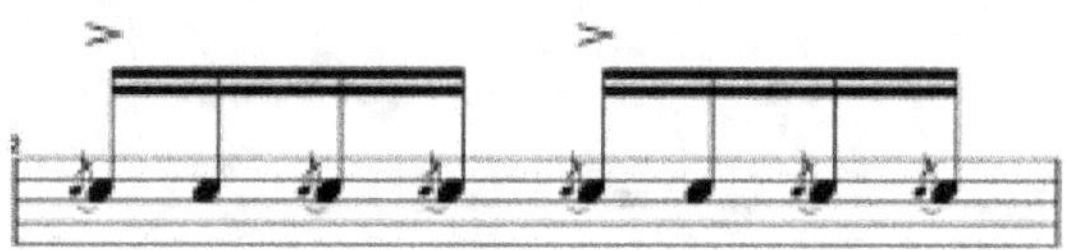

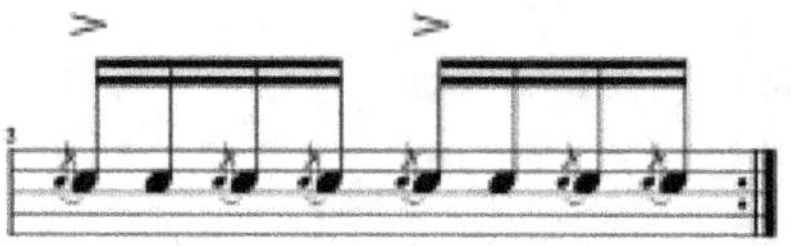

Hybrid Rudiments

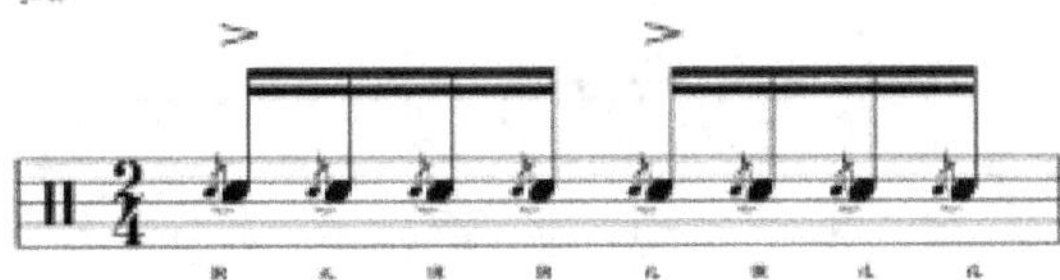

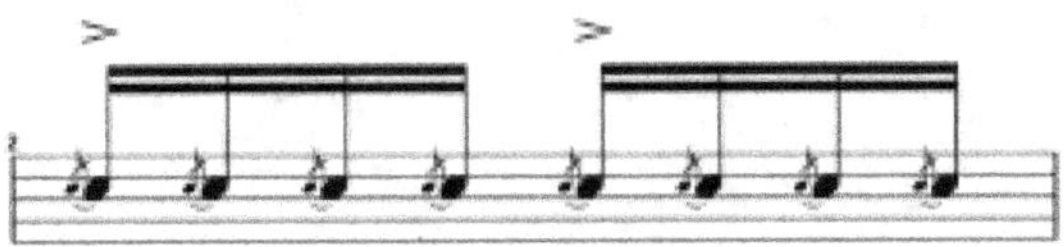

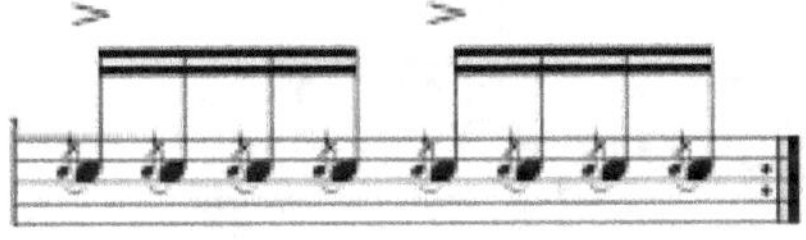

Hybrid Rudiments

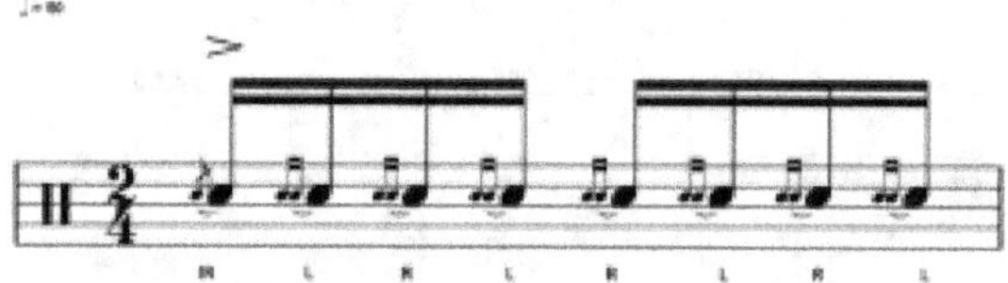

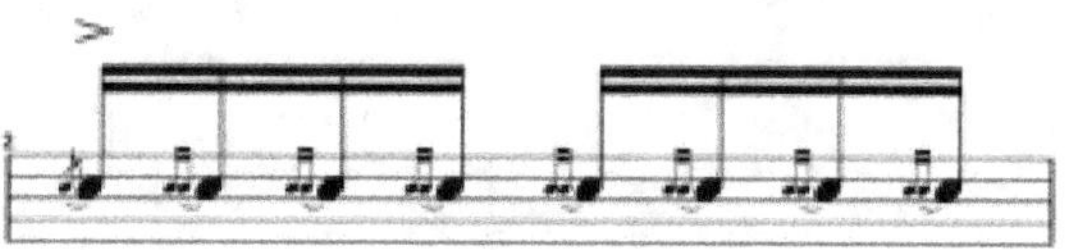

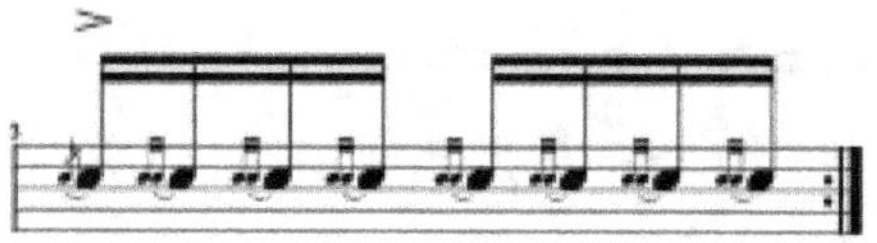

Hybrid Rudiments

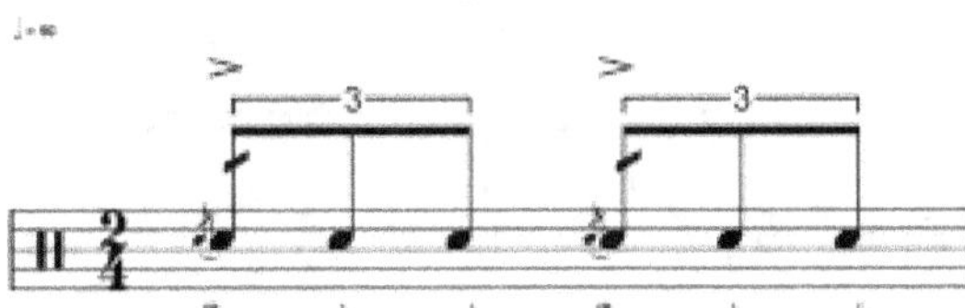

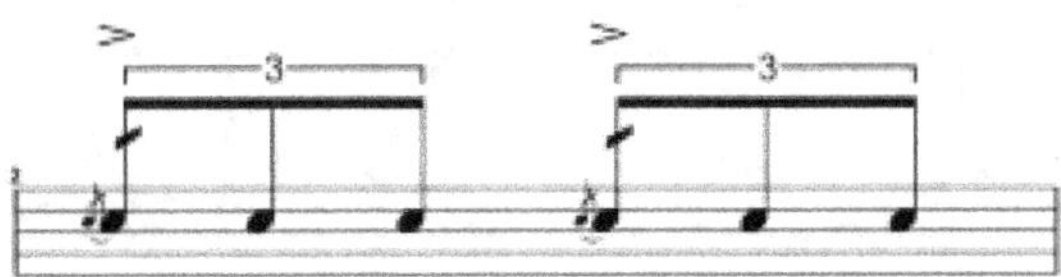

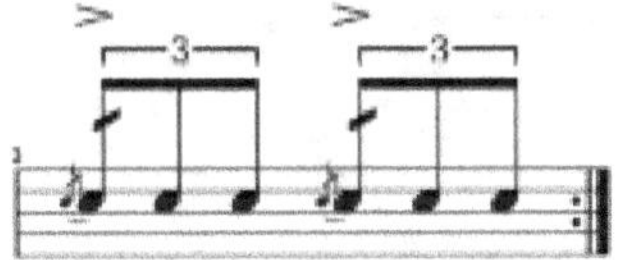

PABLO MORÁN GARCÍA

Hybrid Rudiments

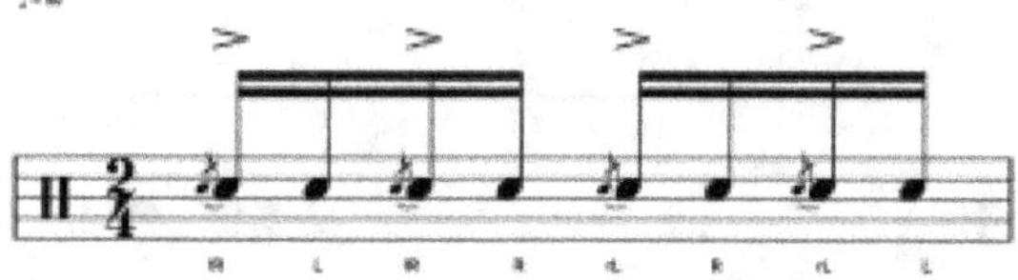

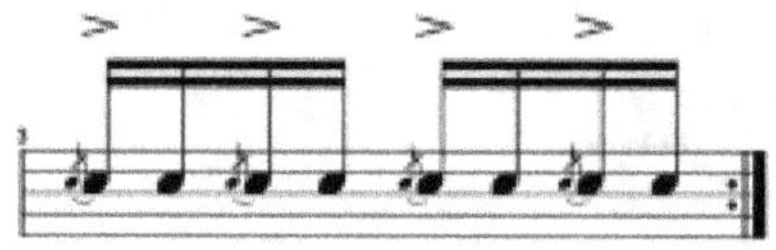

Hybrid Rudiments

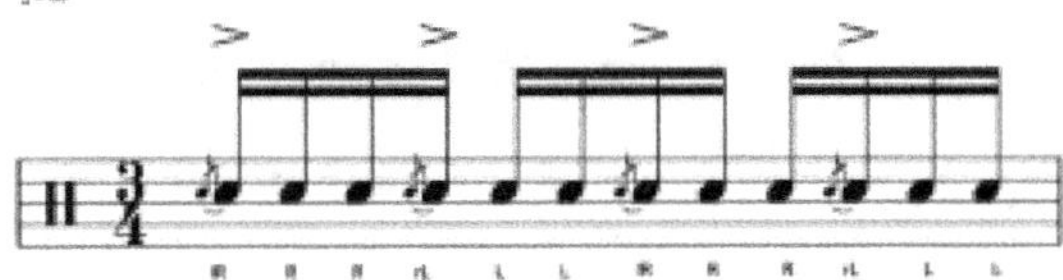

Hybrid Rudiments

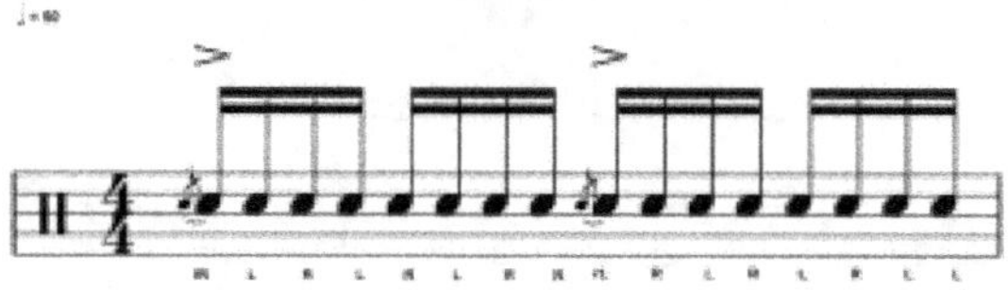

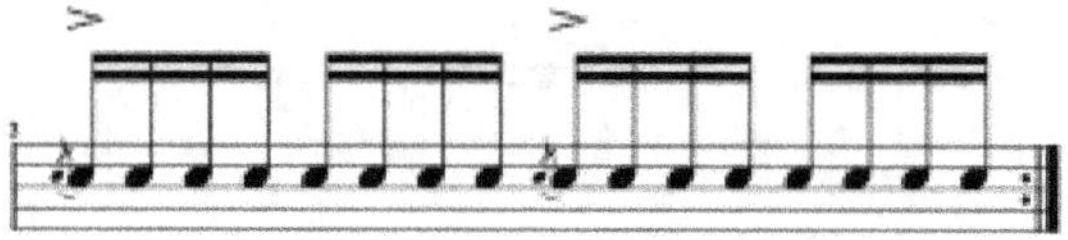

Hybrid Rudiments

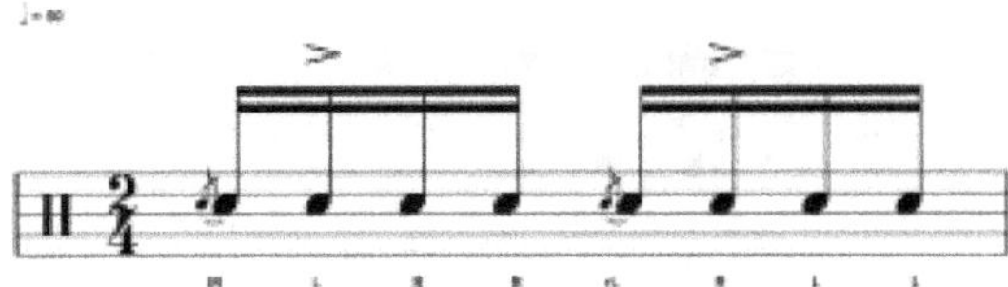

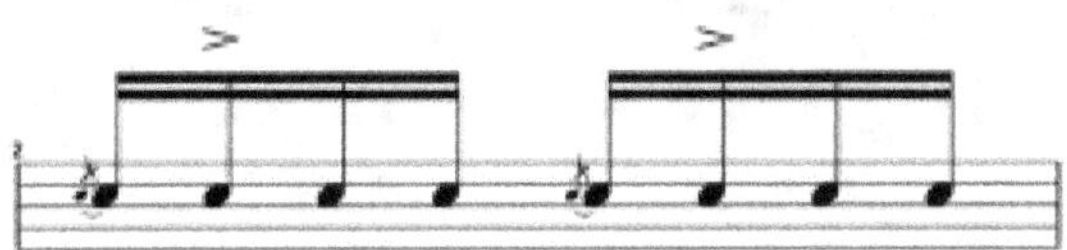

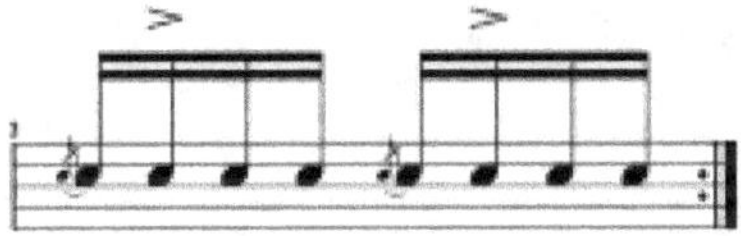

Hybrid Rudiments

Hybrid Rudiments

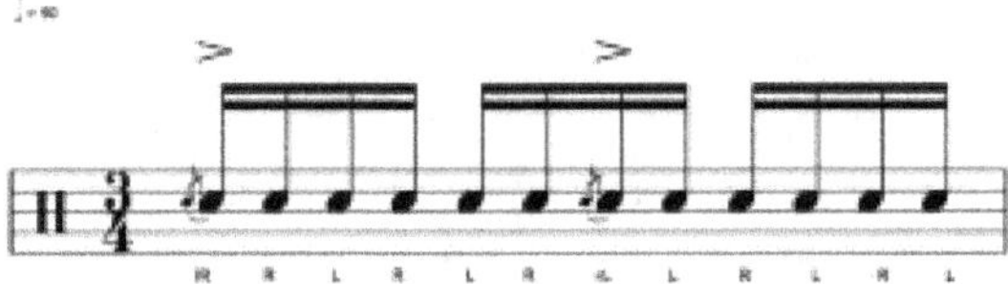

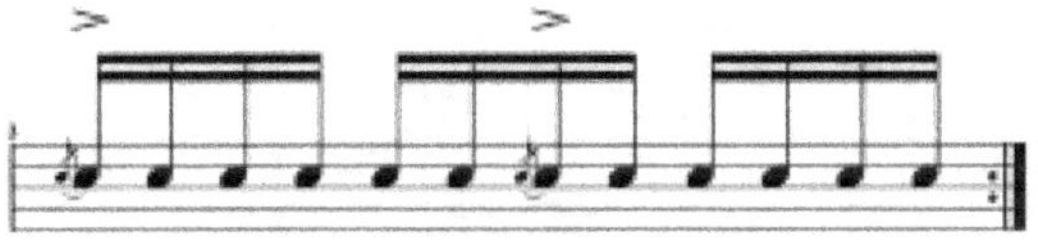

PABLO MORÁN GARCÍA

Hybrid Rudiments

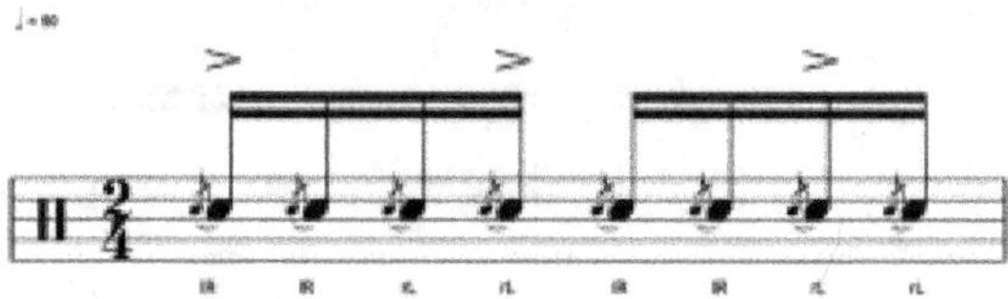

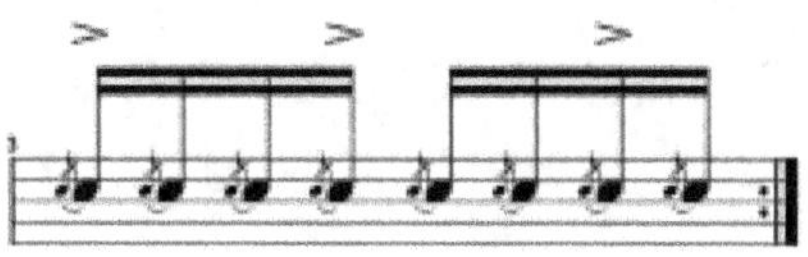

Hybrid Rudiments

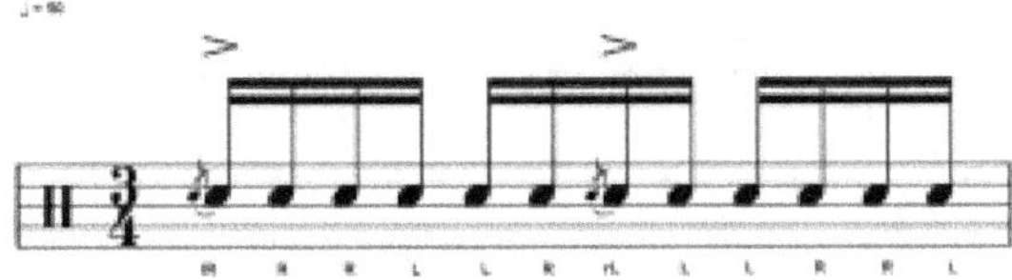

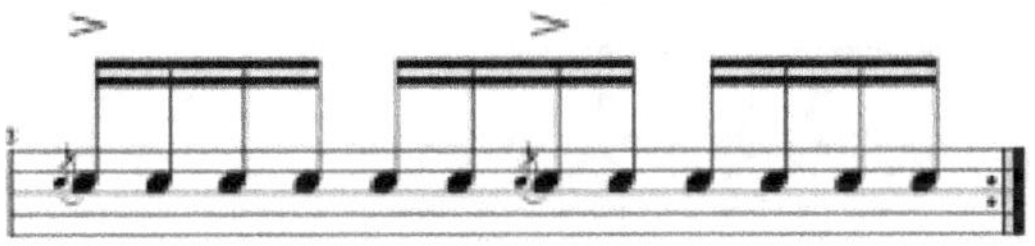

Hybrid Rudiments

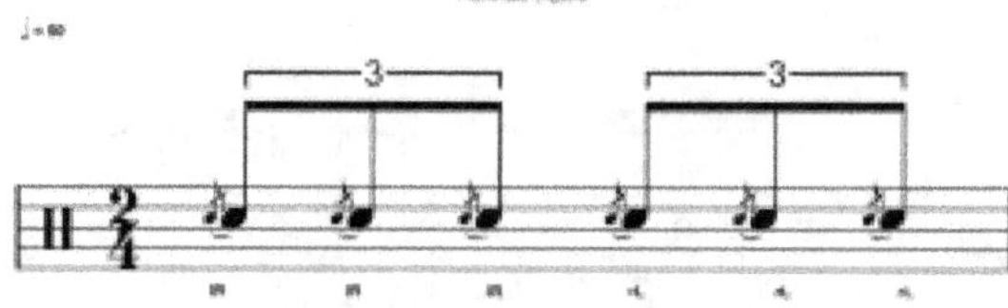

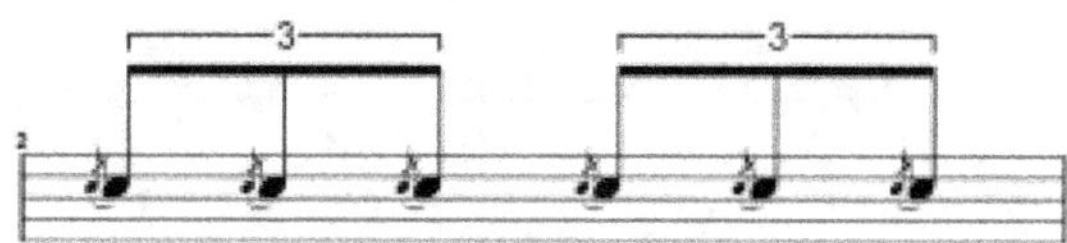

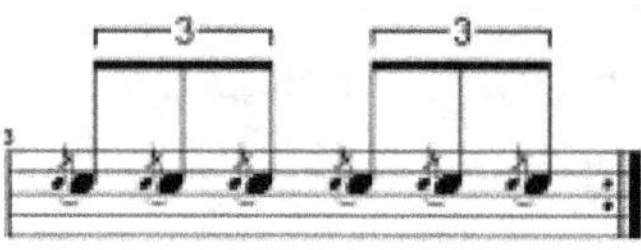

Hybrid Rudiments

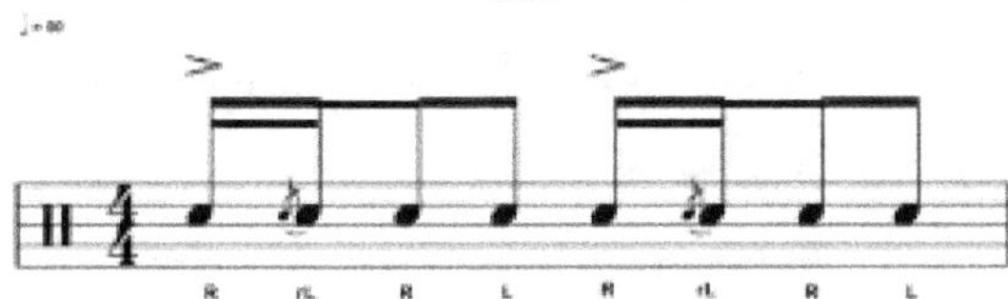

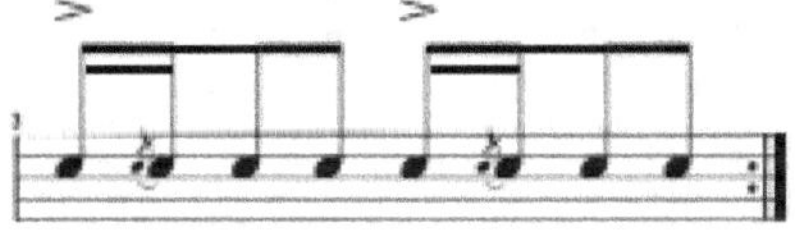

Hybrid Rudiments

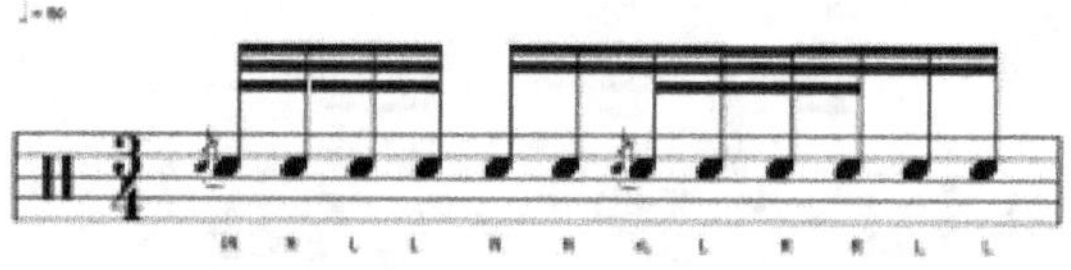

Hybrid Rudiments

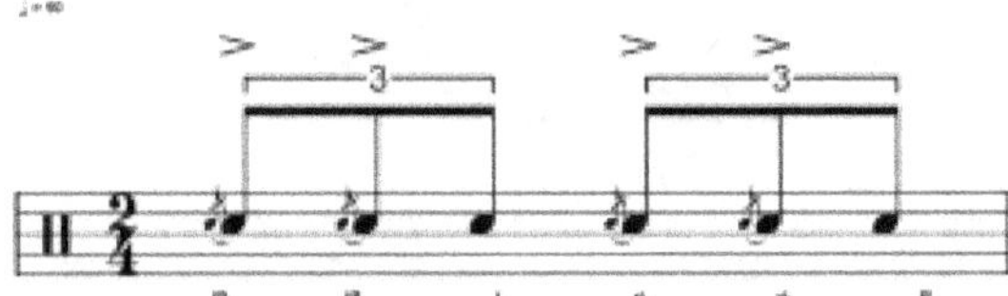

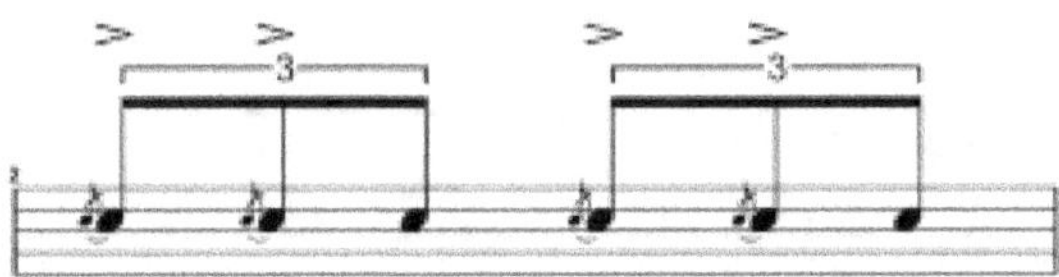

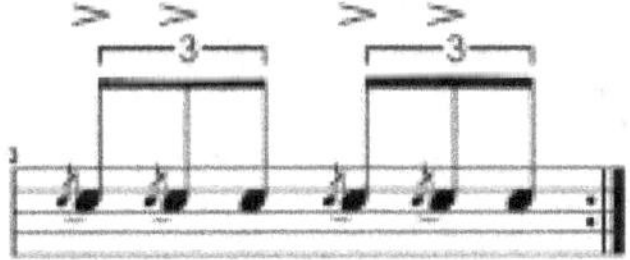

Hybrid Rudiments

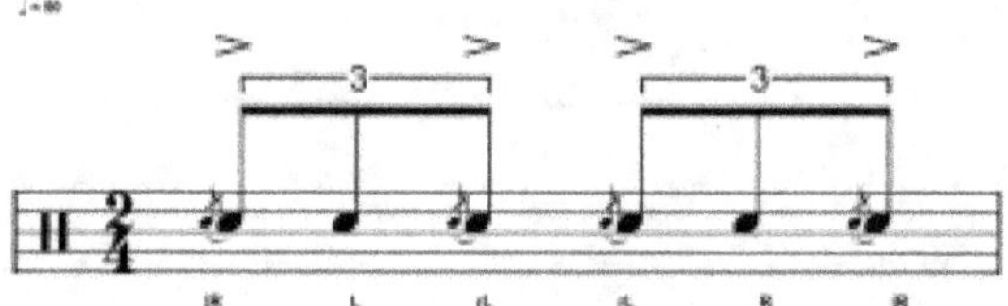

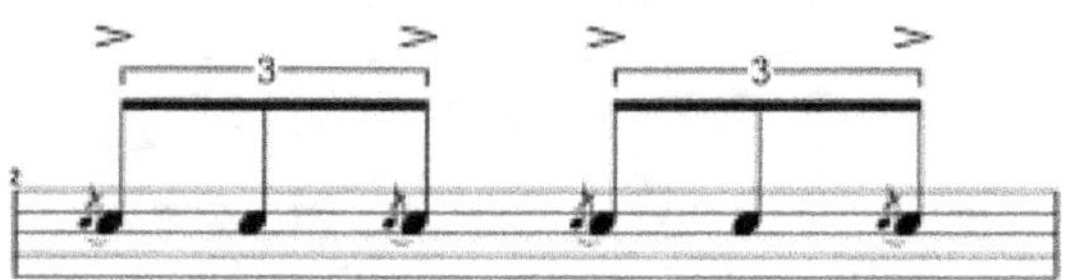

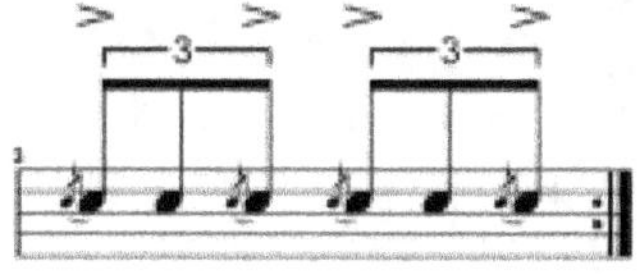

Hybrid Rudiments

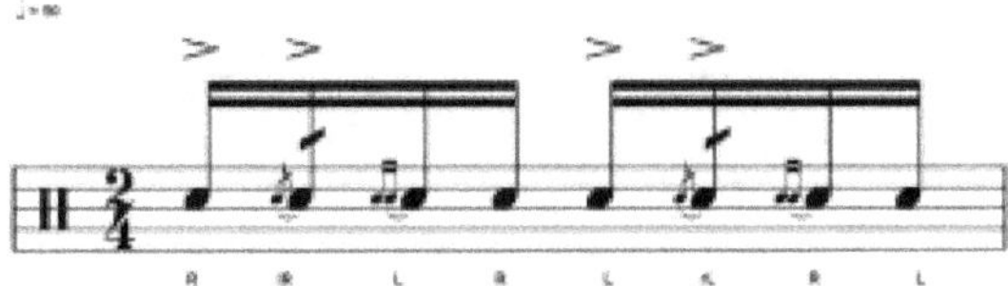

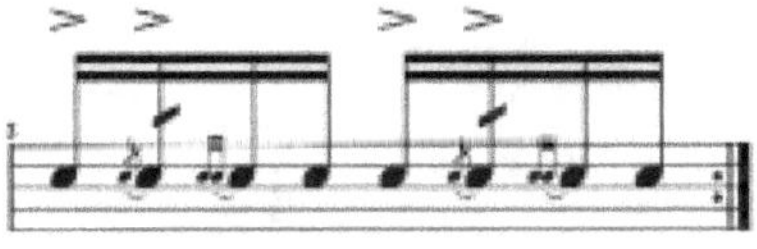

Hybrid Rudiments

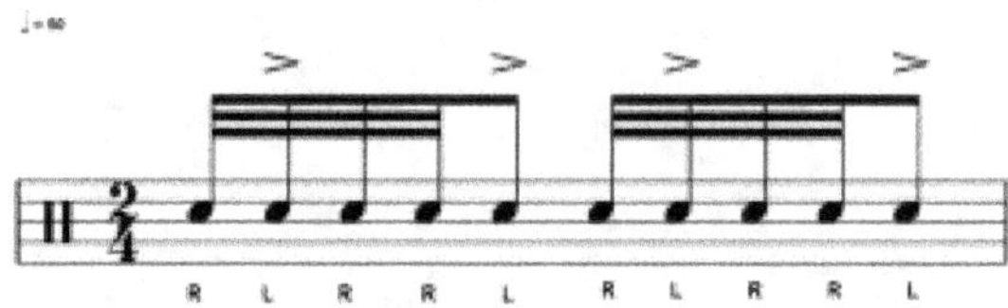

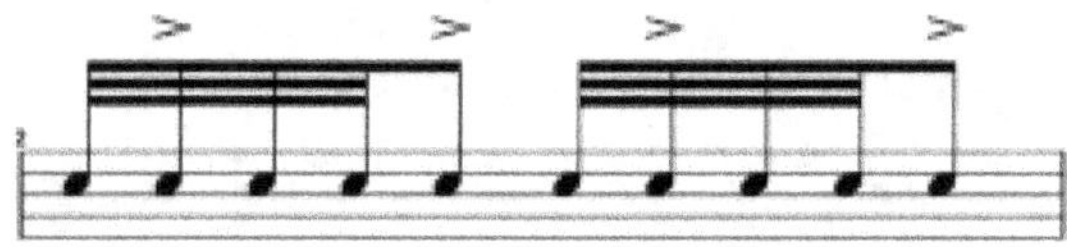

Hybrid Rudiments

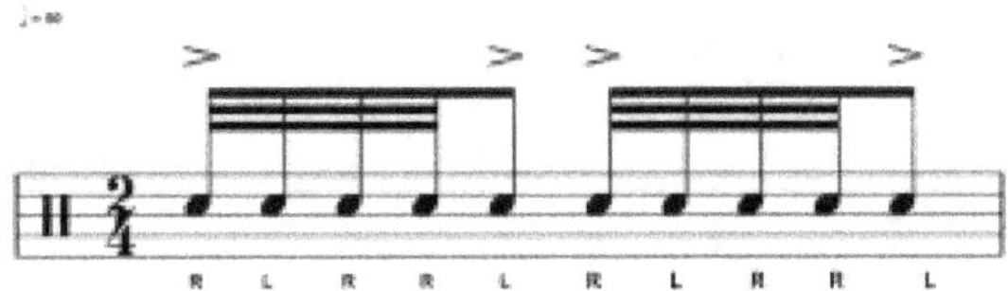

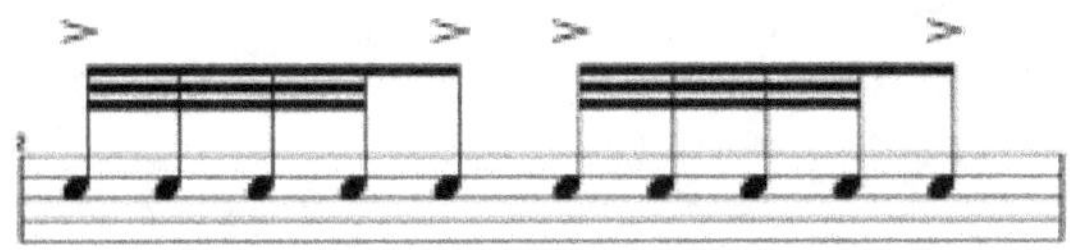

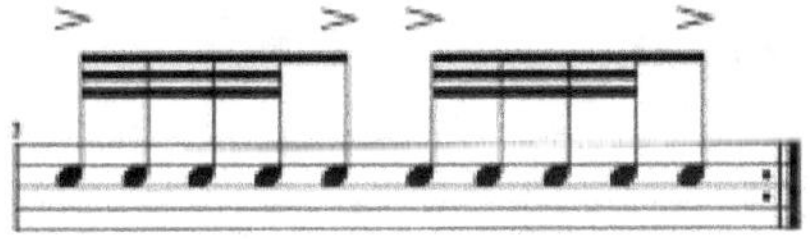

Hybrid Rudiments

Hybrid Rudiments

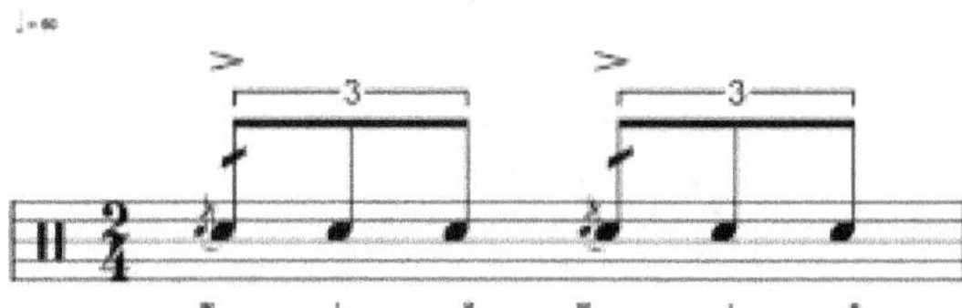

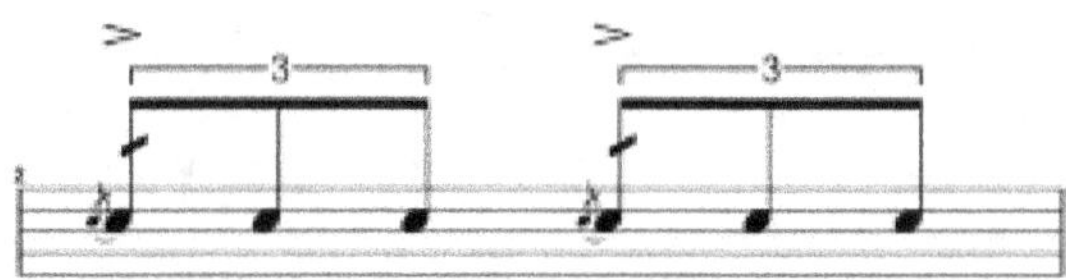

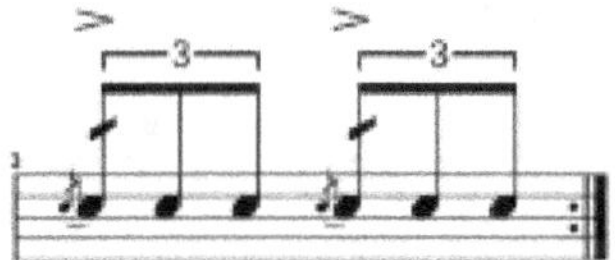

Hybrid Rudiments

Hybrid Rudiments

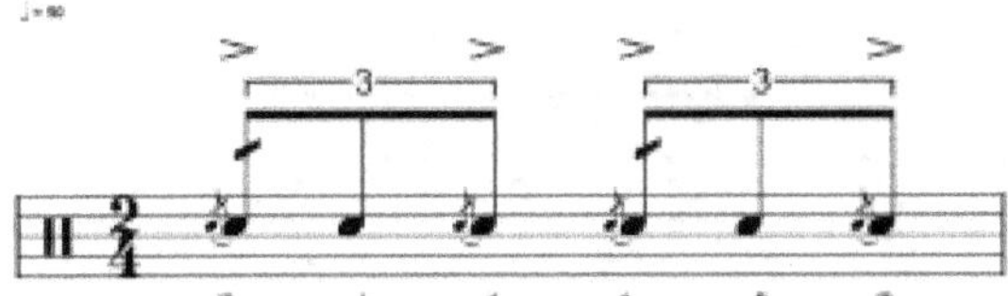

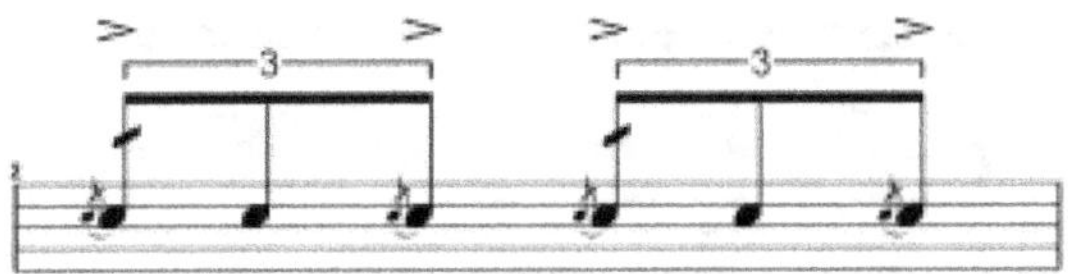

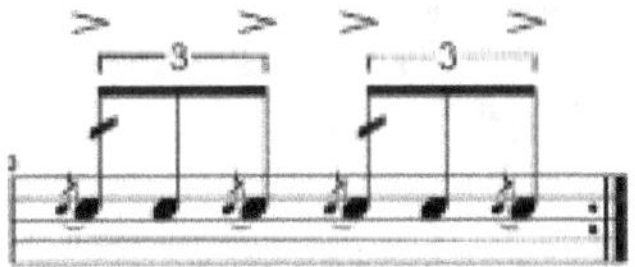

Hybrid Rudiments

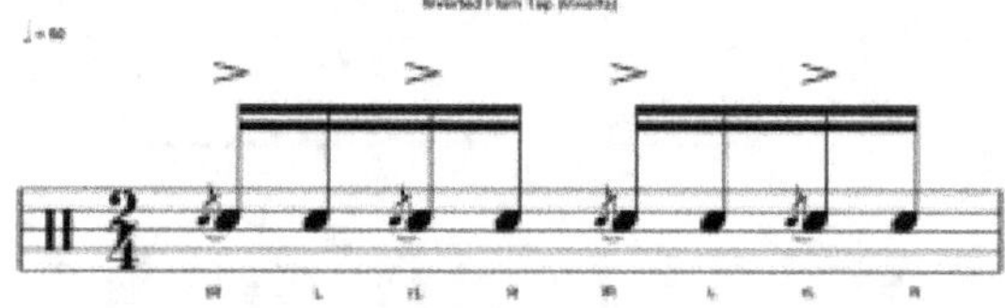

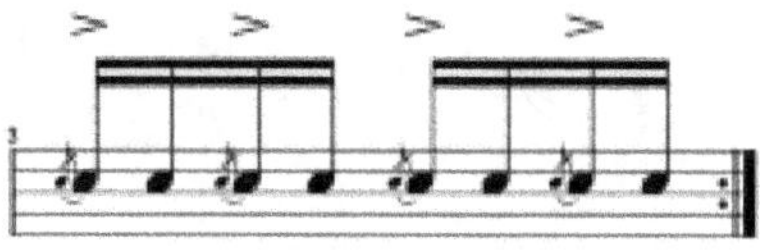

Hybrid Rudiments

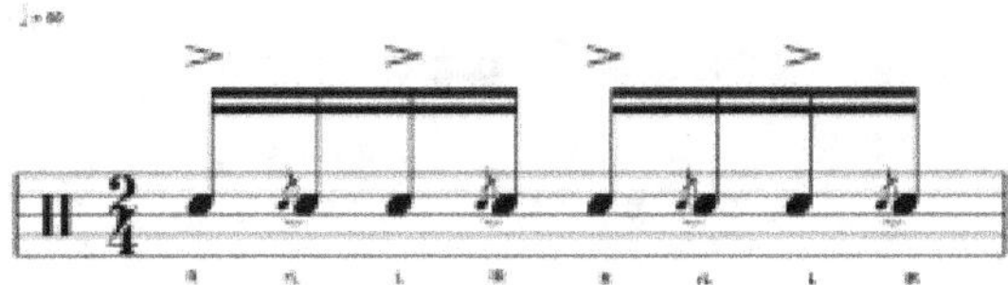

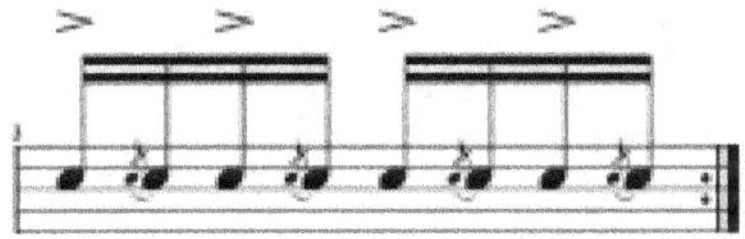

Hybrid Rudiments

Hybrid Rudiments

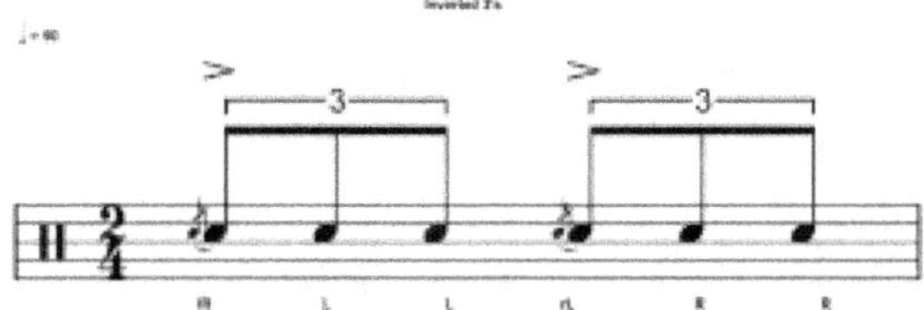

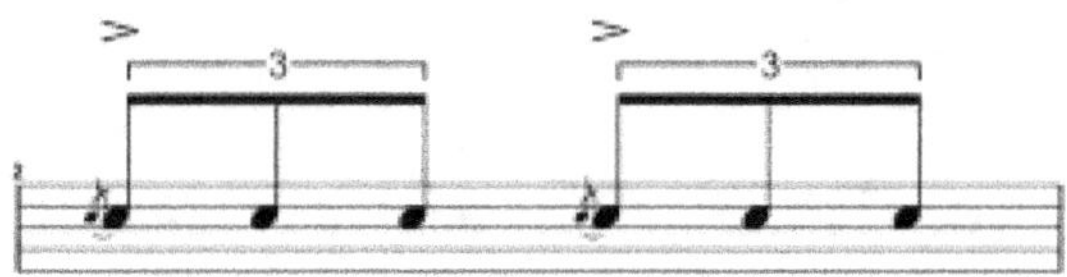

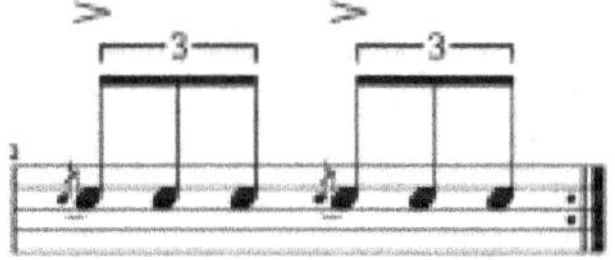

Hybrid Rudiments

Inverted Triplet Paradiddle

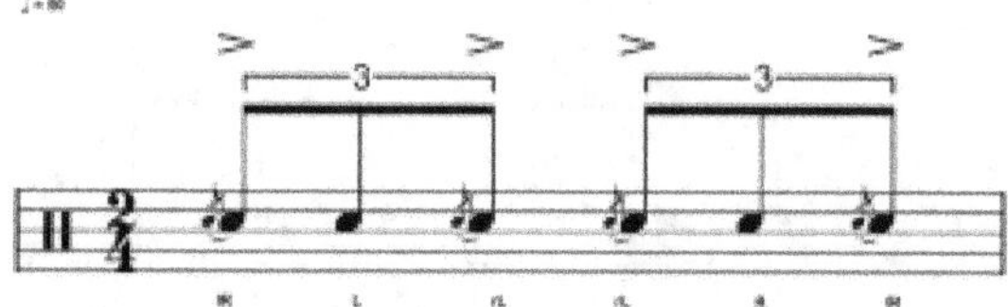

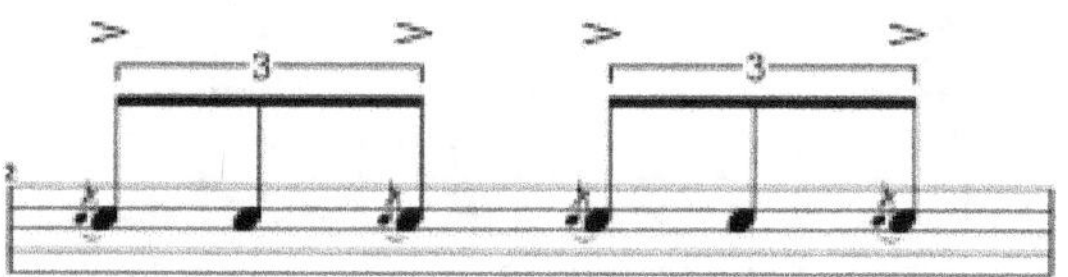

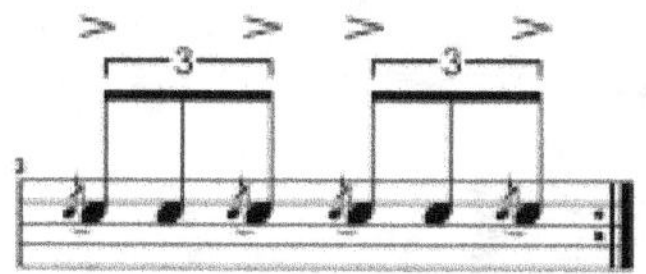

Hybrid Rudiments

PABLO MORÁN GARCÍA

Hybrid Rudiments

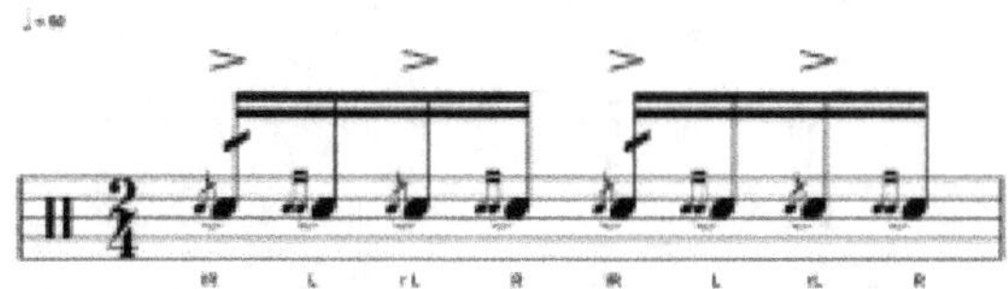

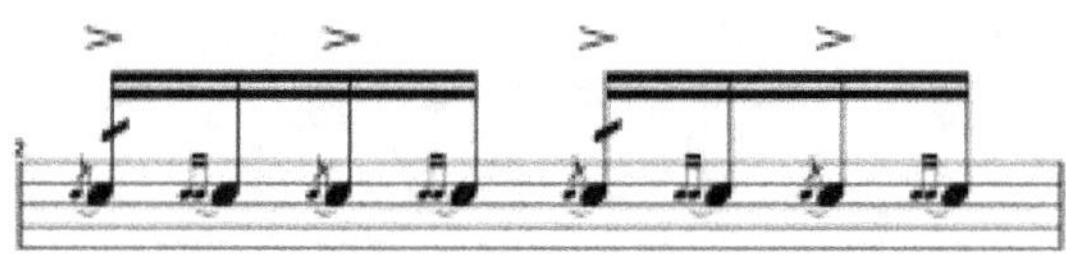

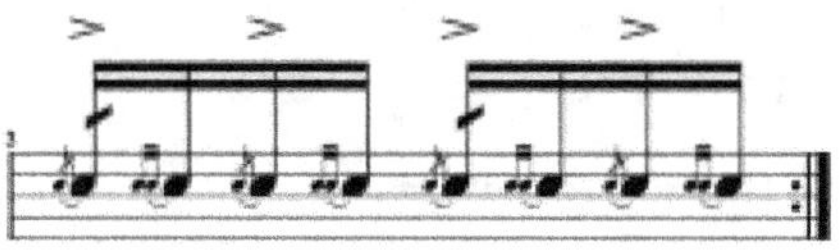

Hybrid Rudiments

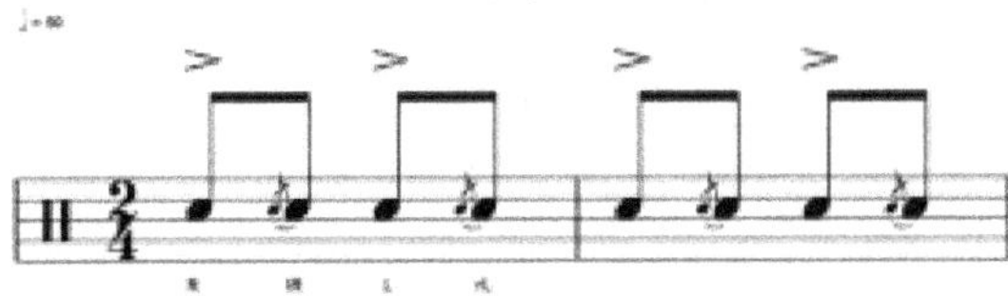

Hybrid Rudiments

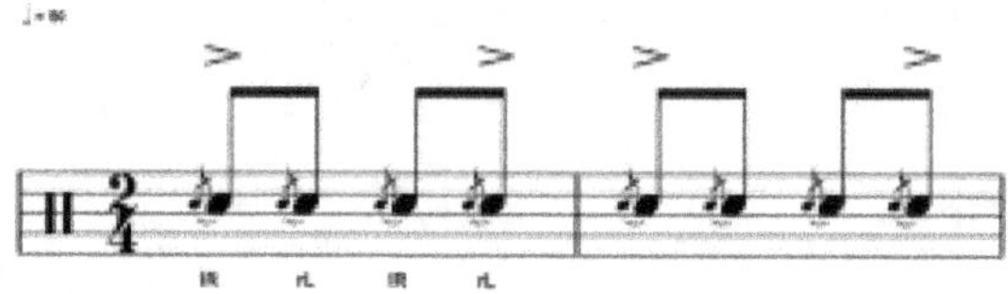

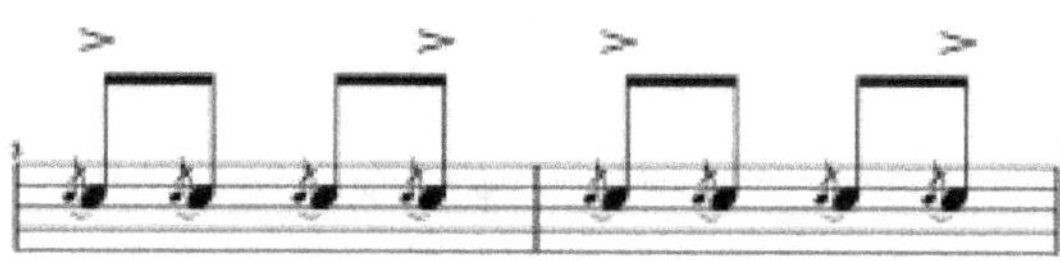

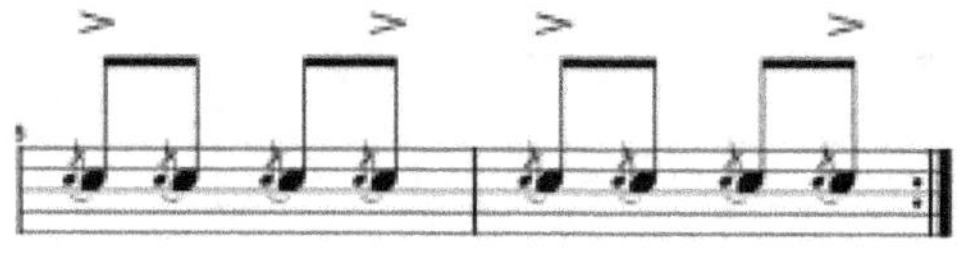

Hybrid Rudiments

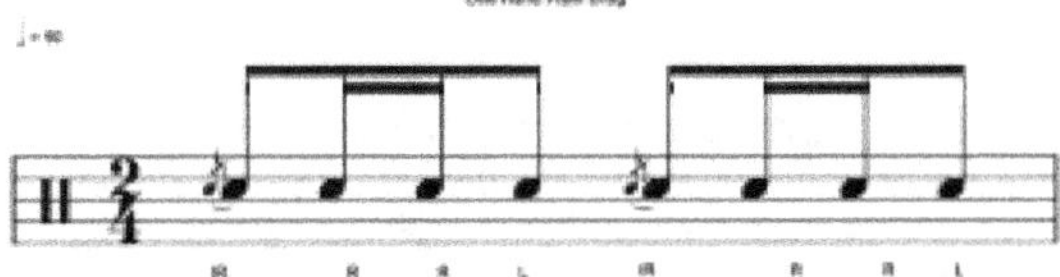

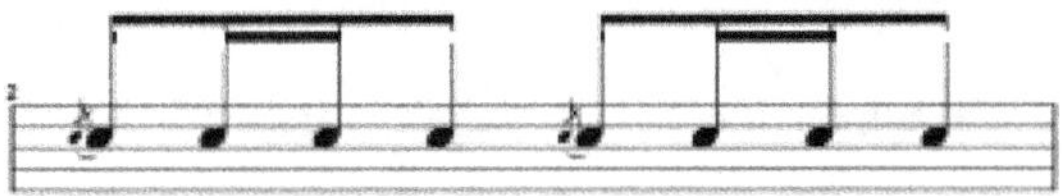

Hybrid Rudiments

One Handed Flam Fives

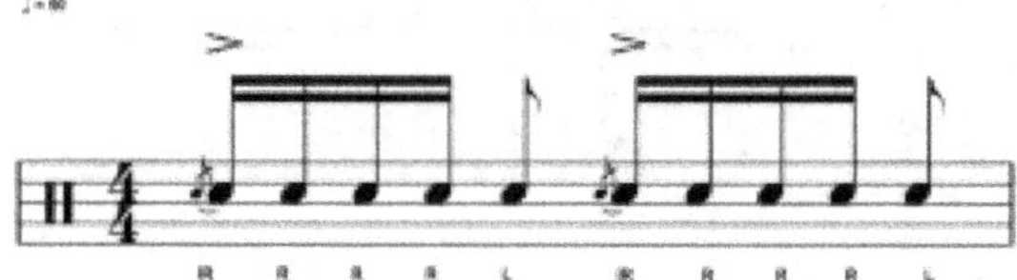

Hybrid Rudiments

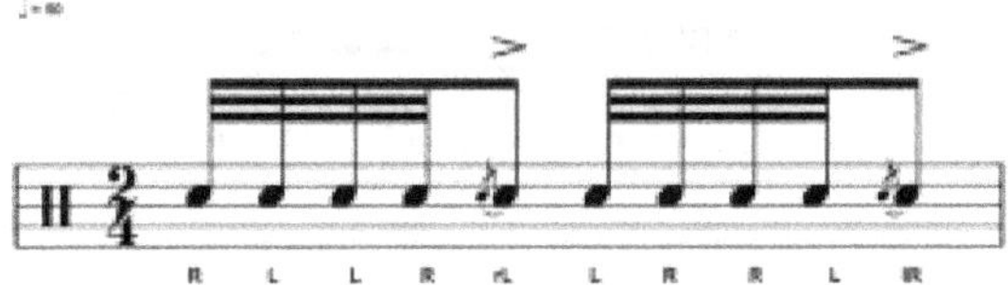

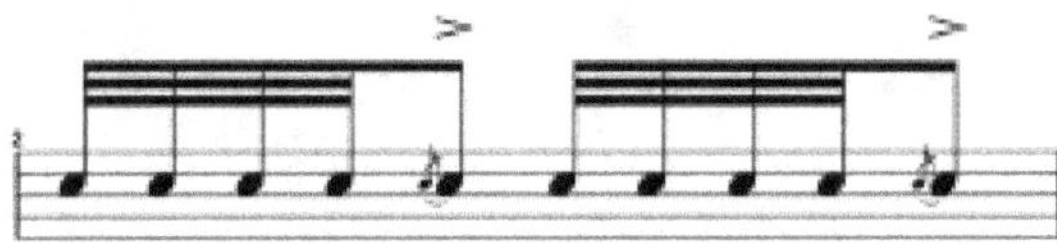

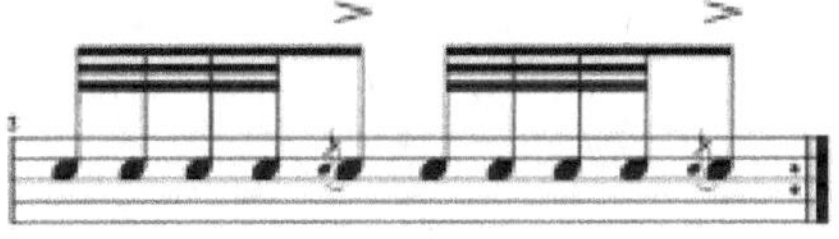

Hybrid Rudiments

Hybrid Rudiments

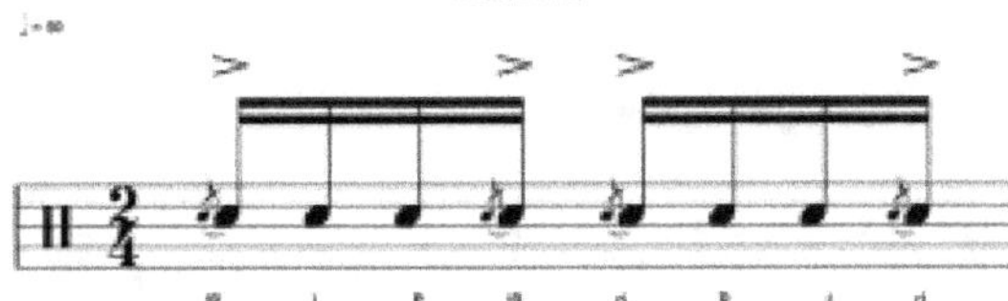

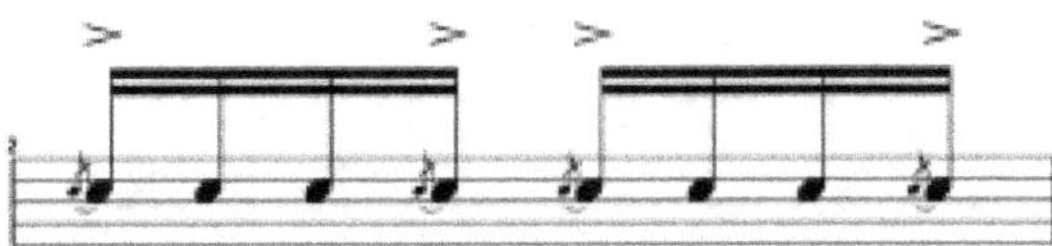

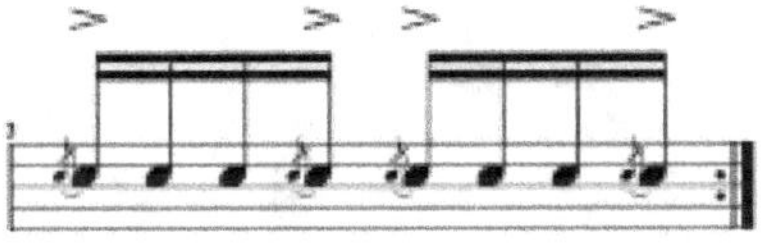

Hybrid Rudiments

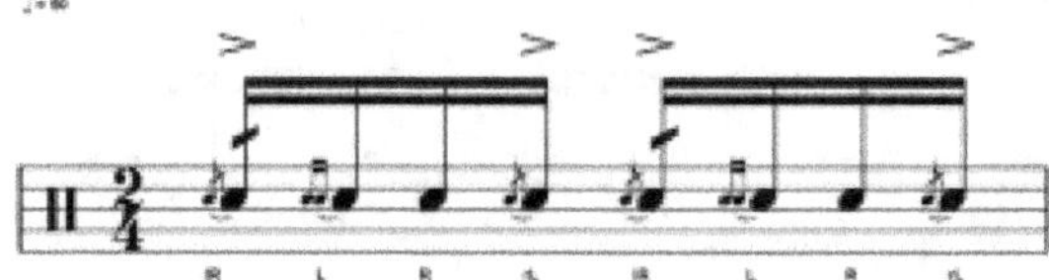

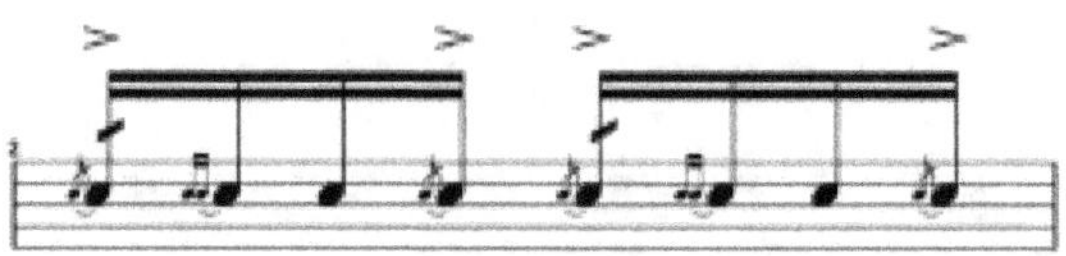

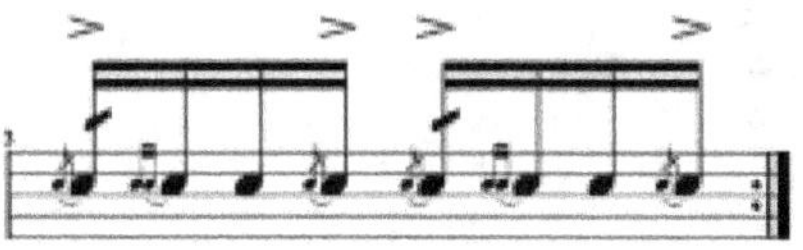

Hybrid Rudiments

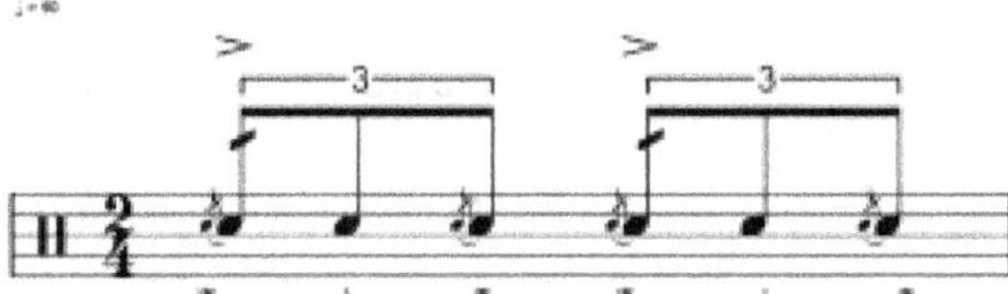

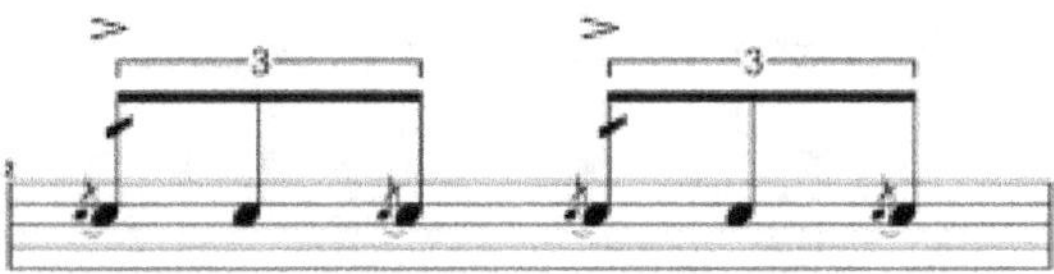

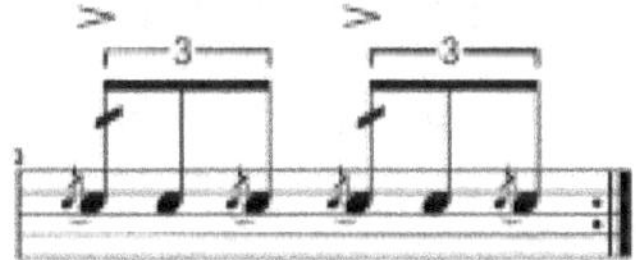

Hybrid Rudiments

Paty Seven (Paradidle Single Stroke 7)

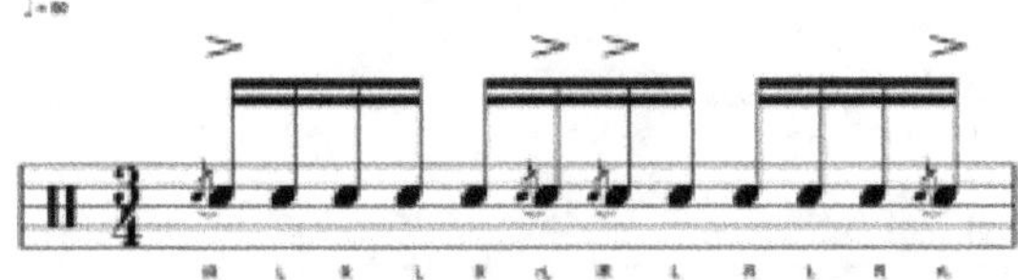

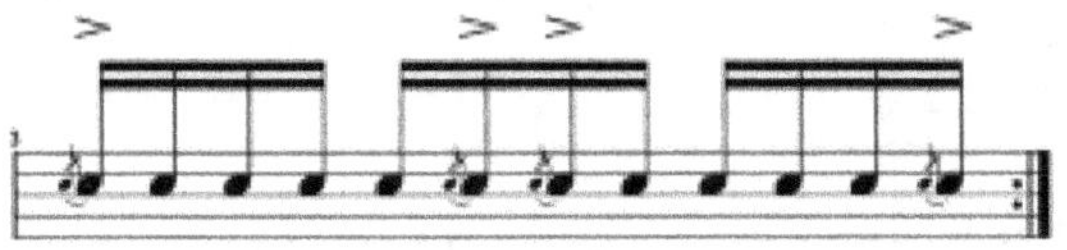

Hybrid Rudiments

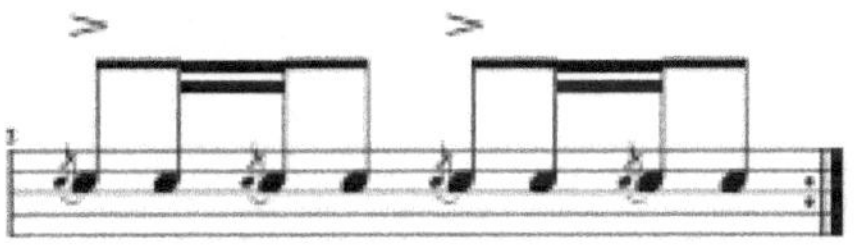

Hybrid Rudiments

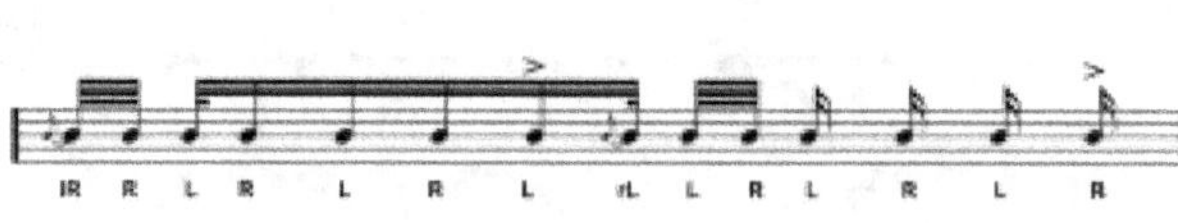

Hybrid Rudiments

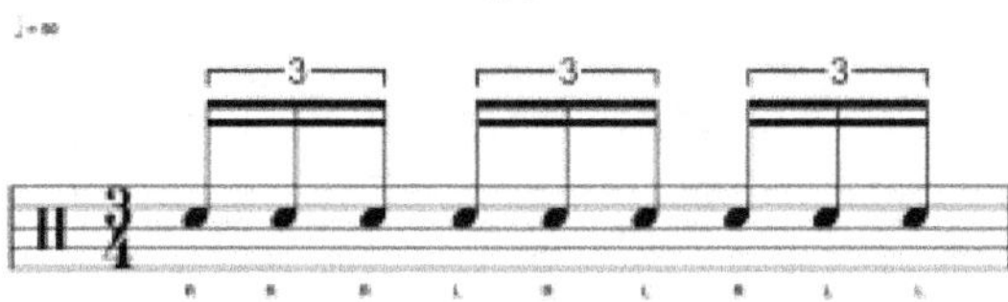

Hybrid Rudiments

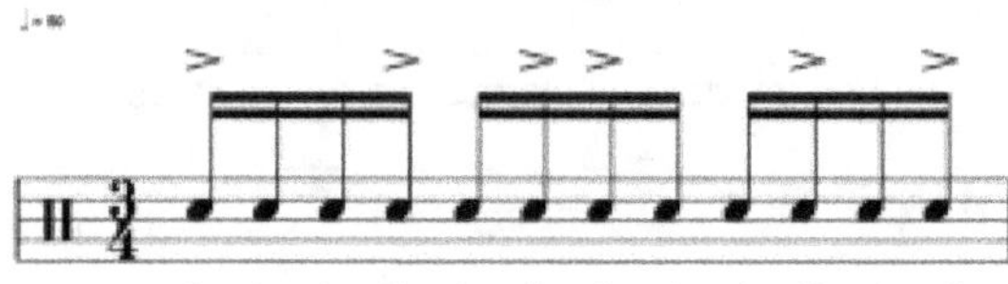

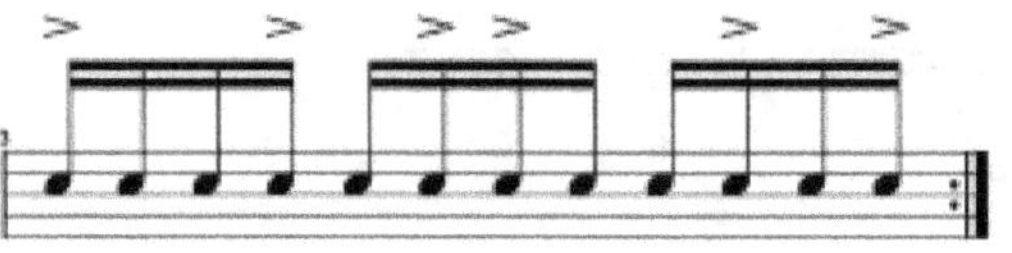

Hybrid Rudiments

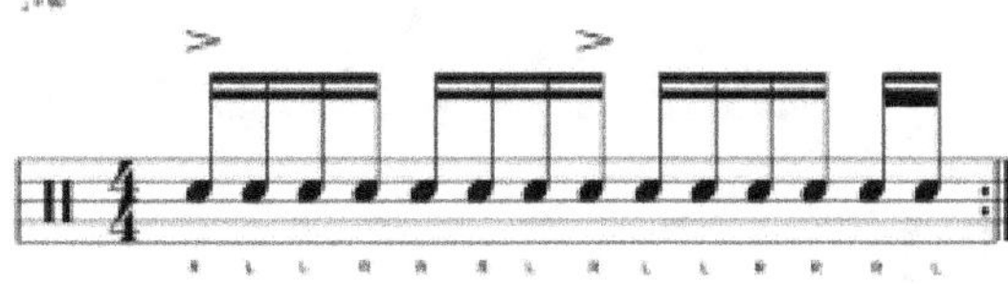

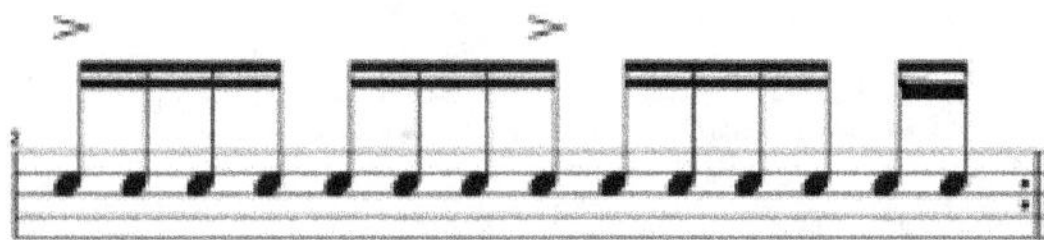

Hybrid Rudiments

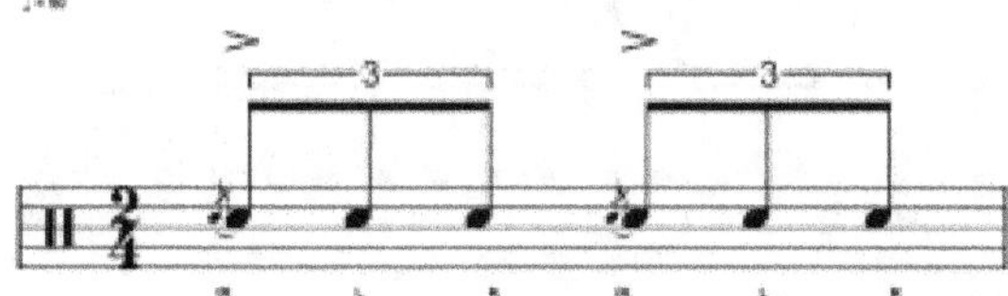

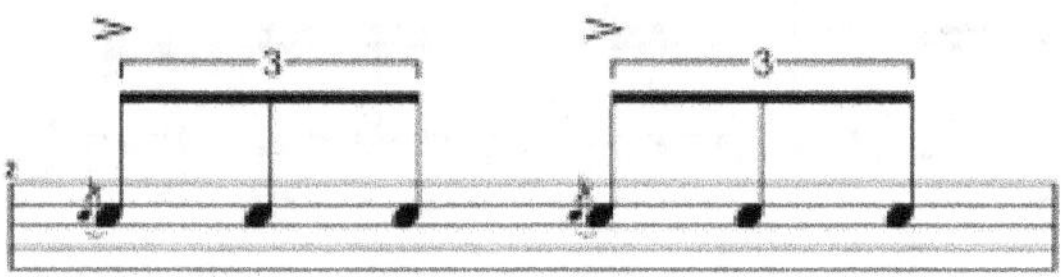

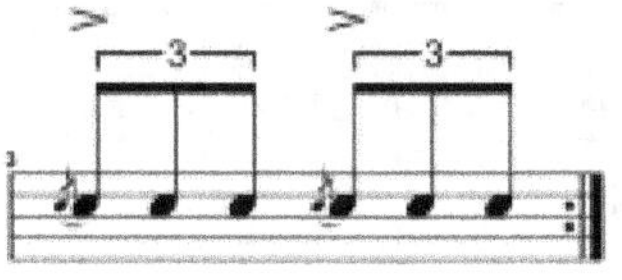

Hybrid Rudiments
Shirley Murphy

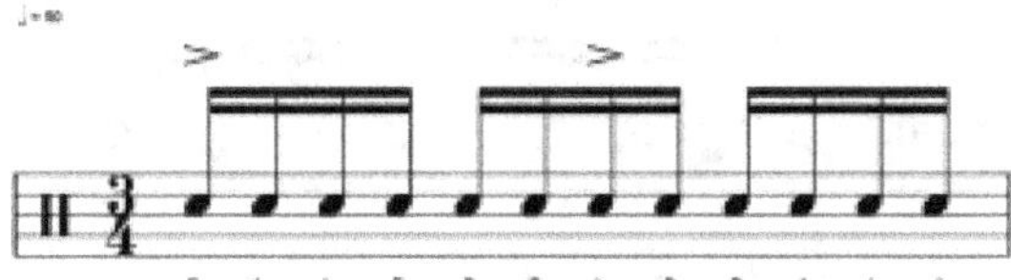

Hybrid Rudiments

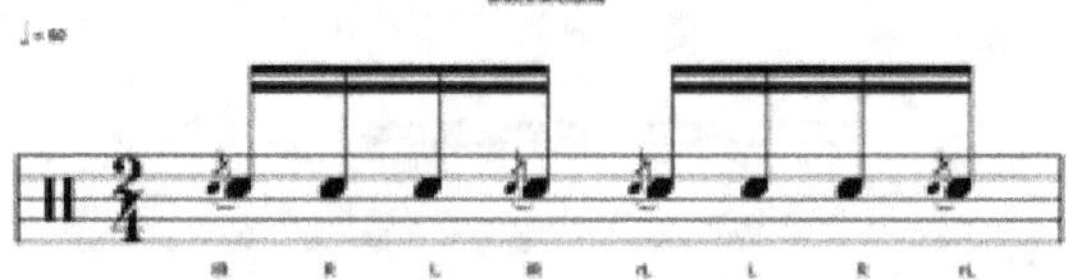

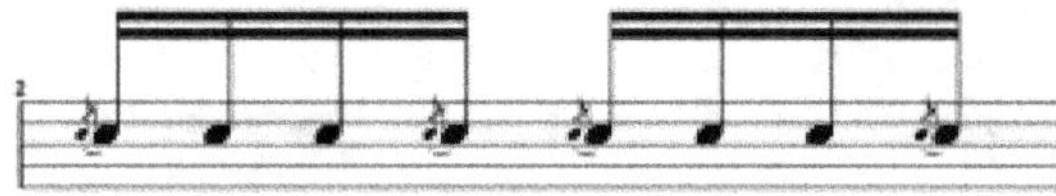

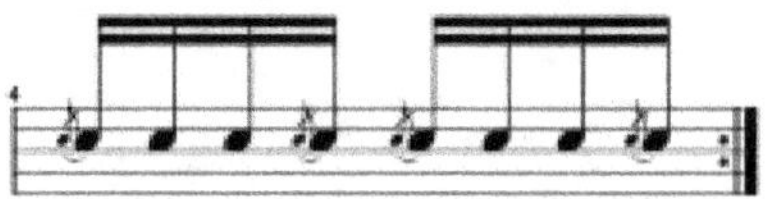

Hybrid Rudiments

Hybrid Rudiments

Hybrid Rudiments

Hybrid Rudiments

Single Hand Flam Fives (Singlehand Flam Five Stroke Roll)

Hybrid Rudiments

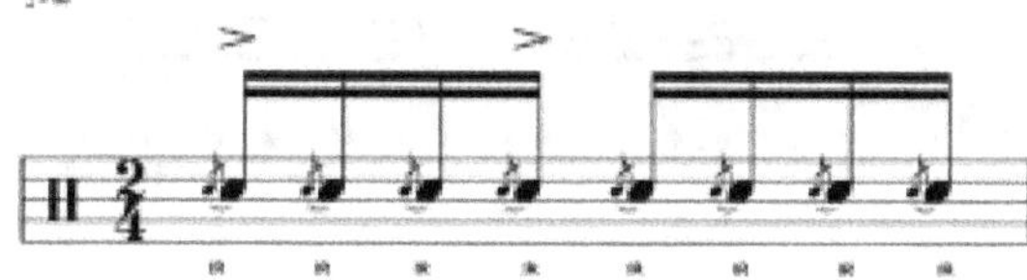

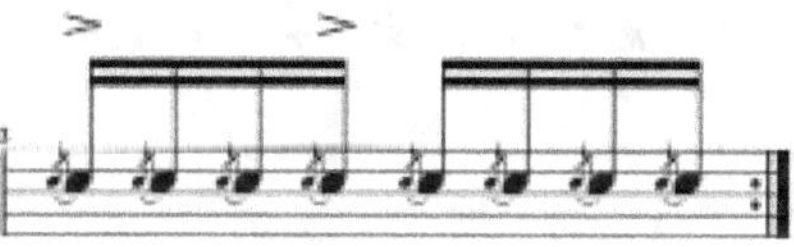

Hybrid Rudiments

Single 9

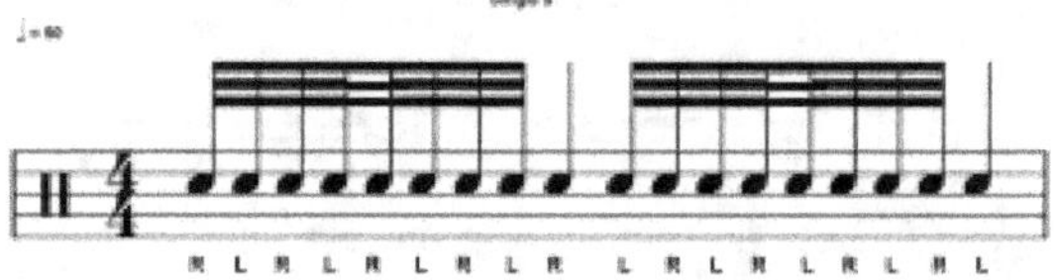

Hybrid Rudiments

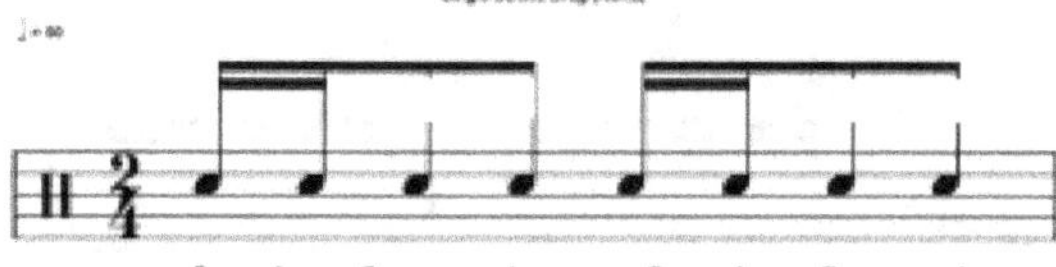

PABLO MORÁN GARCÍA

Hybrid Rudiments

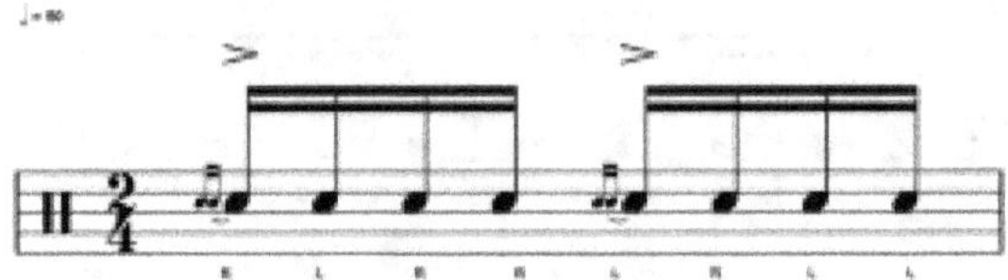

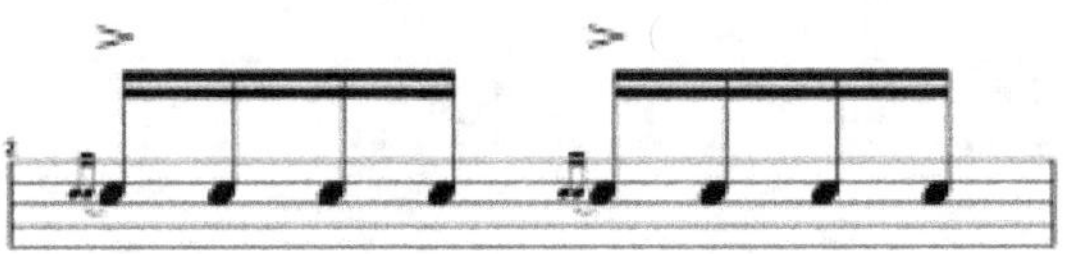

Hybrid Rudiments

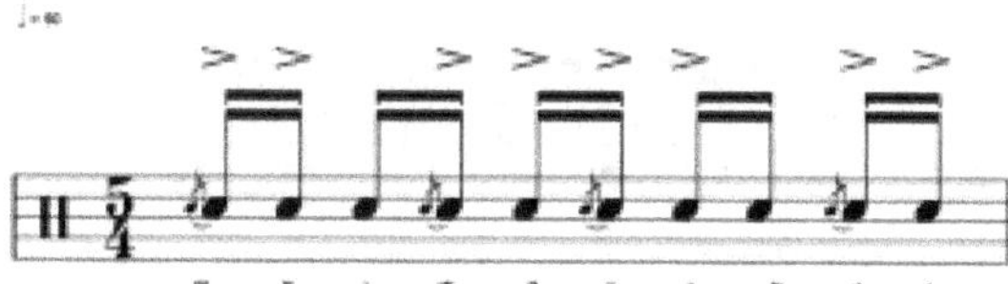

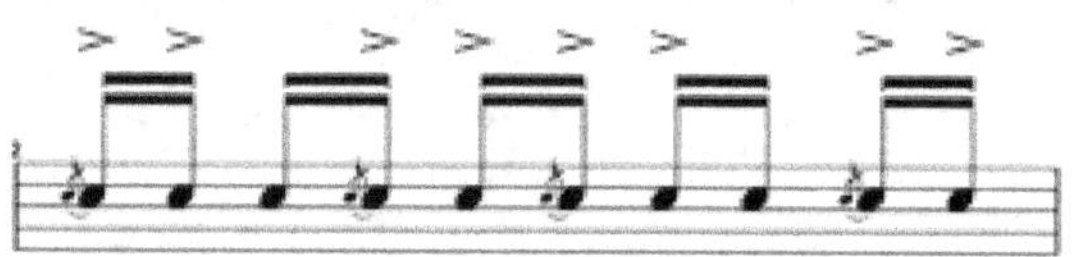

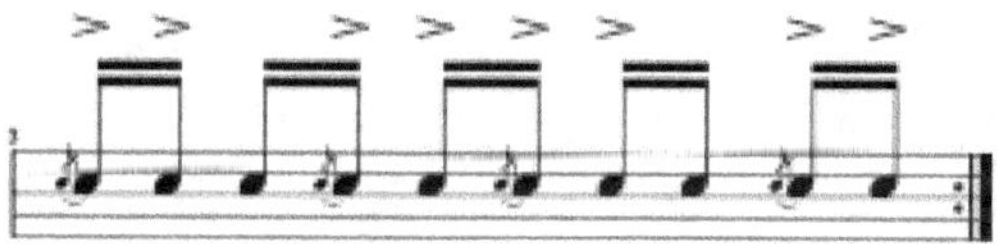

Hybrid Rudiments

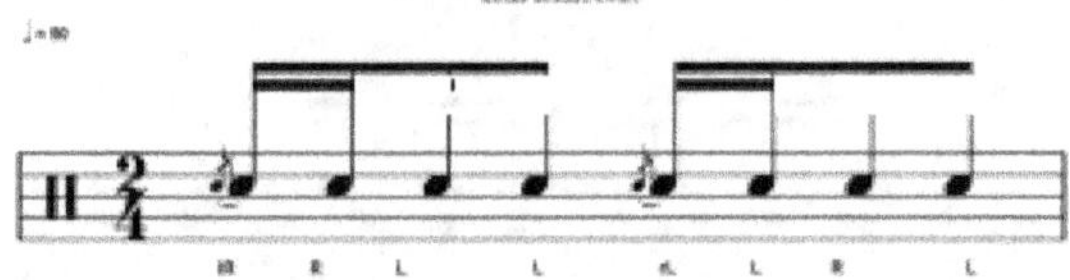

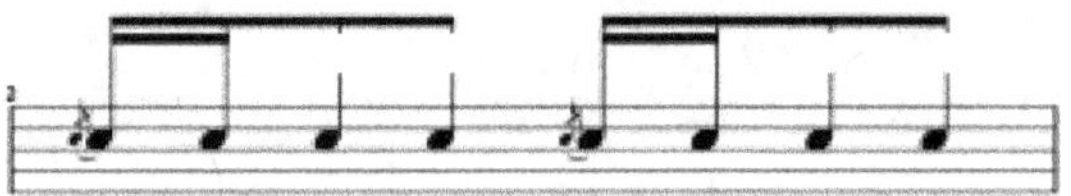

Hybrid Rudiments

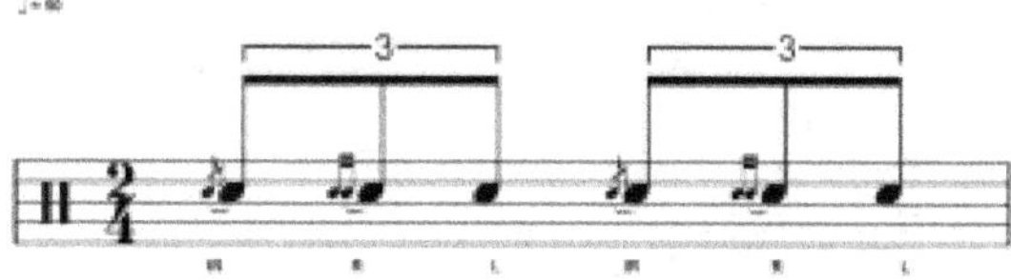

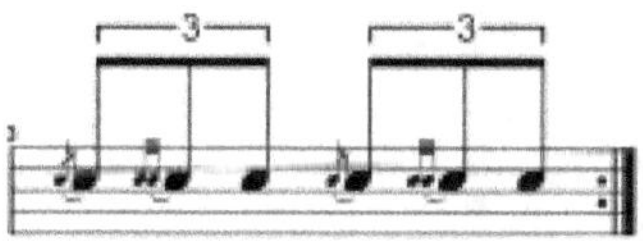

Hybrid Rudiments

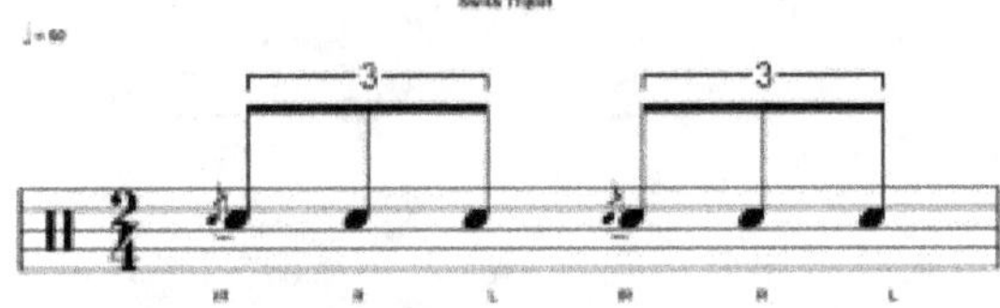

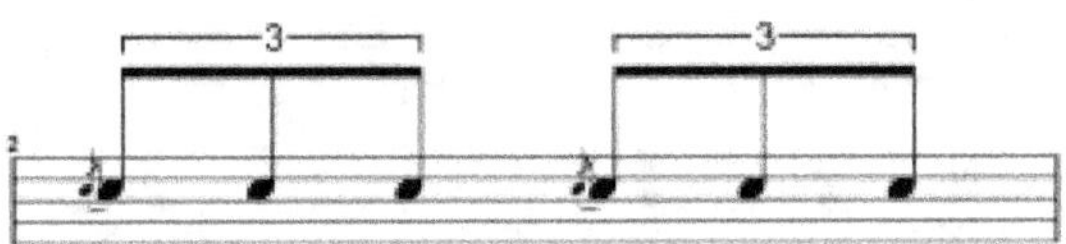

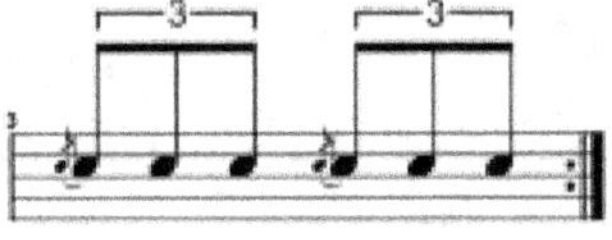

Hybrid Rudiments

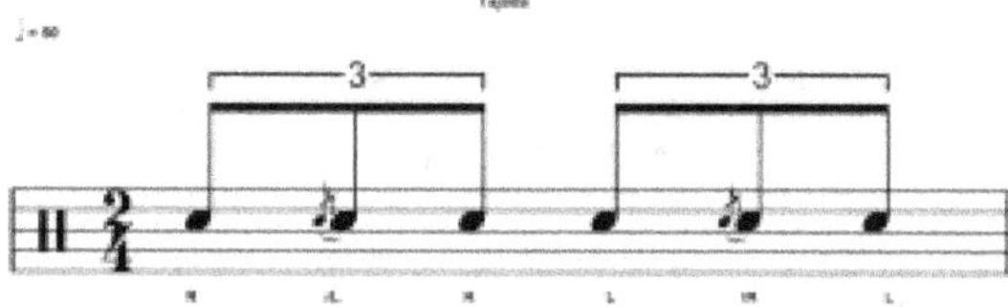

Hybrid Rudiments

Triple Flammed Swiss Triplets

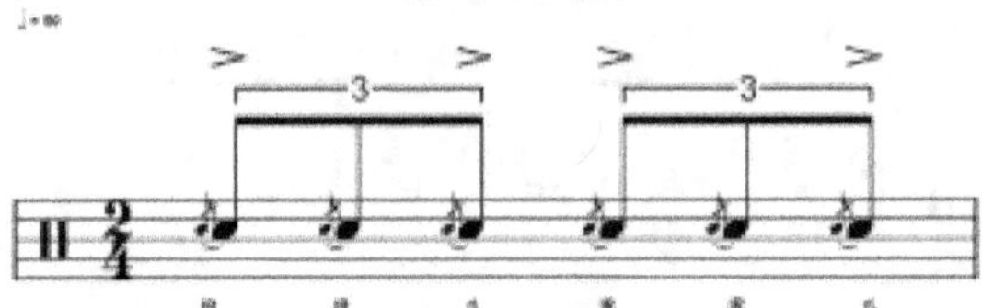

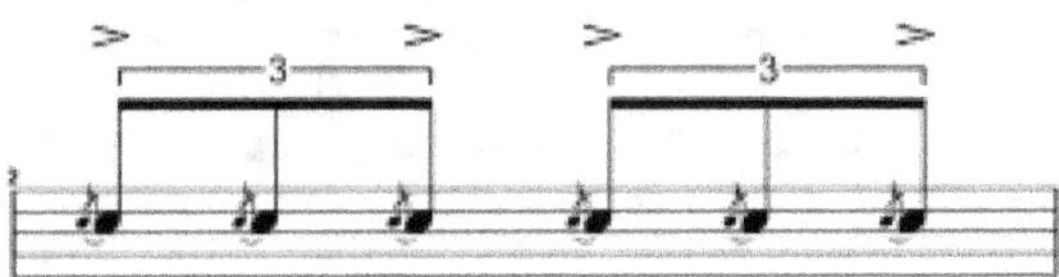

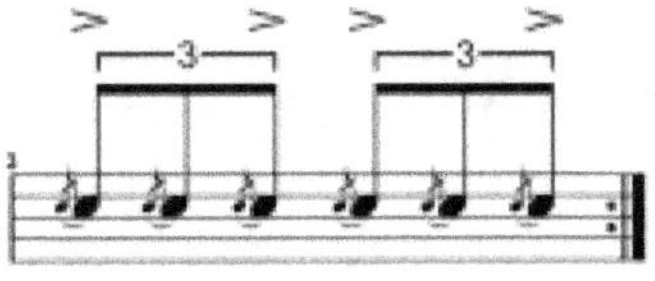

Hybrid Rudiments

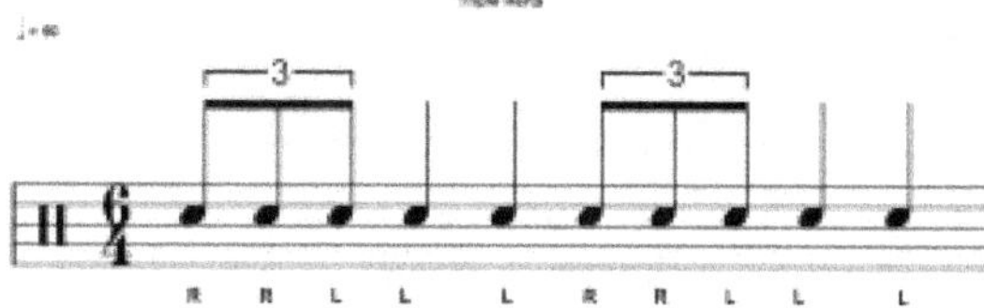

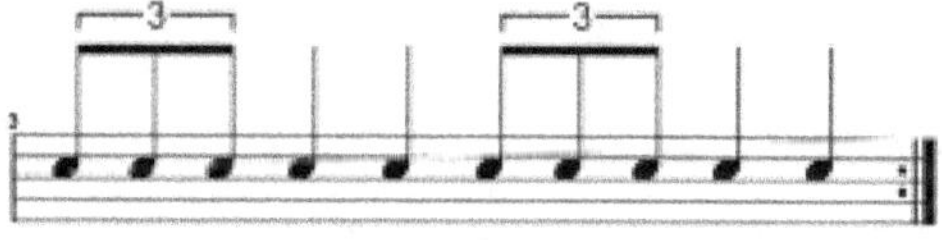

Hybrid Rudiments

Triple Inversis

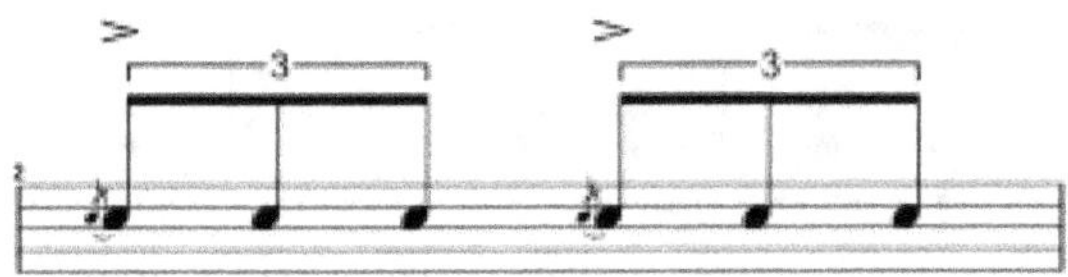

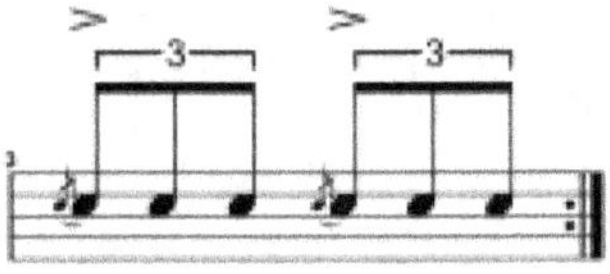

Hybrid Rudiments

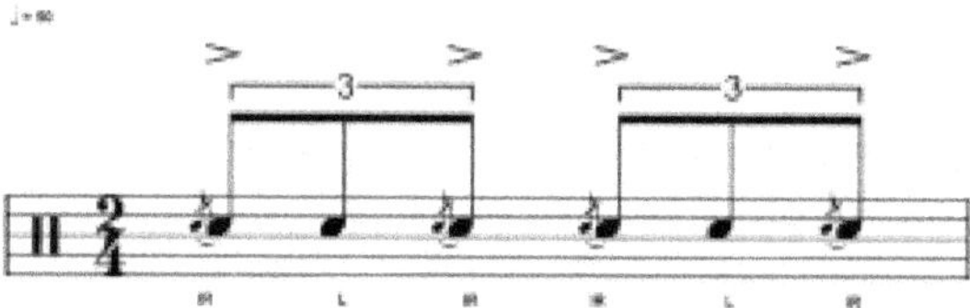

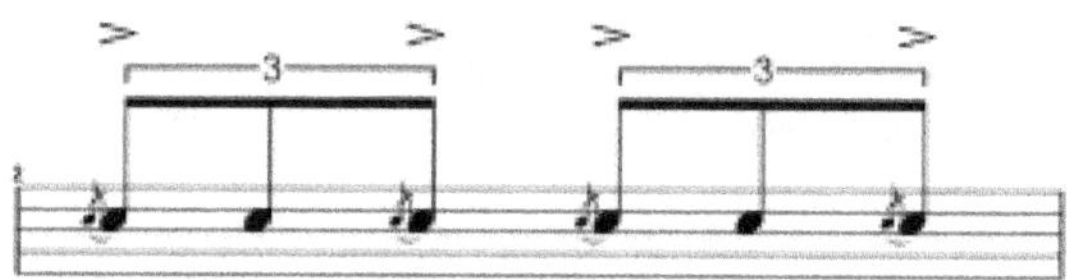

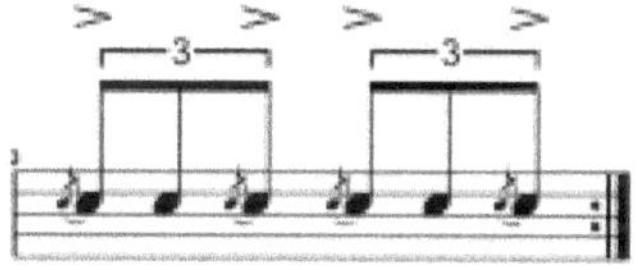

Hybrid Rudiments

Triple-Accent

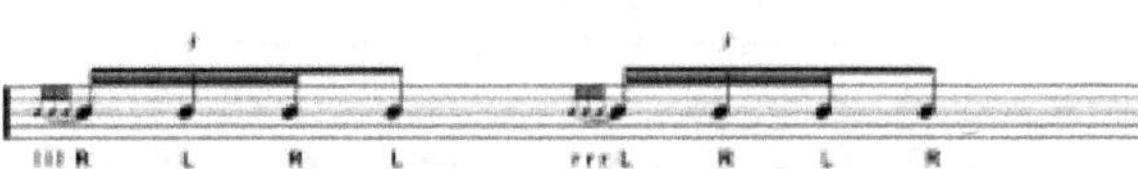

125 RUDIMENTOS
PARA BATERISTAS
STUDY BOOK